DIETA CETOGÉNICA

LA GUÍA COMPLETA PARA PRINCIPIANTES

ROBERT WILSON

Tabla De Contenidos

Introducción

¿Usted se siente gordo, enfermo y cansado? ¿O tal vez simplemente se siente enfermo y harto de sentirse gordo?

Si es su caso, ¡sé exactamente cómo se siente! Yo pasé la mayor parte de mi vida odiando lo que veía en el espejo y sintiéndome avergonzado del número que veía en la báscula. Más allá de eso, sin embargo, mi salud estaba hecha trizas y me sentía cansado todo el tiempo.

Mi nombre es Robert Wilson y estoy aquí para compartir con usted cómo pasé de vivir una vida de pena y decepción a transformar mi salud y cambiar mi manera de vivir para bien. ¿Cuál es mi secreto? La dieta cetogénica, también conocida como la dieta keto.

La dieta cetogénica no es una dieta milagro más u otra tendencia de salud. No requiere que usted inicie una huelga de hambre y no tendrá que preocuparse por pasar horas sobre la caminadora. Esta dieta, de hecho, está basada en el proceso de cetosis, el cual esencialmente convierte a su cuerpo en una máquina quemadora de grasa. Al hacer cambios en los alimentos que consume, usted puede hacer que su cuerpo pase de quemar carbohidratos a quemar grasa para obtener energía, y no sólo la grasa que come. ¡También estará quemando la grasa corporal almacenada!

Muchas personas parecen ser escépticas cuando escuchan acerca de la dieta cetogénica por primera vez. Después de todo, ¿cómo puede ser posible perder peso con el consumo de alimentos altos en grasa como queso, carnes rojas y crema espesa? Entiendo su escepticismo (¡porque yo también me sentía así!), pero puedo asegurarle que funciona y que la dieta cetogénica podría ser el camino que ha estado buscando.

De acuerdo, ahora que conoce un poco acerca de lo que es la dieta cetogénica, es posible que esté preguntándose cómo puede beneficiarlo a usted. Permítame comenzar contándole cuánto cambió mi vida esta dieta.

Antes de la dieta keto, yo tenía 36 kilos de sobrepeso y estaba al borde de la obesidad mórbida. Mis niveles de azúcar en la sangre eran una montaña rusa que subía y bajaba y mis niveles de energía estaban prácticamente en cero. Consumía tres comidas completas al día, pero constantemente me sentía hambriento y sufría de horribles antojos de azúcar entre comidas. Era muy difícil concentrarme en el trabajo y constantemente tenía brotes de acné similares a los de un niño de 14 años.

Entonces, ¿exactamente cómo fue que la dieta keto provocó cambios efectivos e impactantes en mi manera de vivir? ¡De todas las maneras imaginables!

Adoptar la dieta cetogénica fue algo difícil para mí en el principio, pues nunca había llevado la cuenta ni me había molestado con las calorías, y ciertamente nunca había prestado mucha atención a las etiquetas de los alimentos o al contenido nutricional. Si quería comerlo, lo comía. Era así de simple. Cuando me di cuenta de que estaba sobre un camino peligroso hacia la muerte y la enfermedad, sin embargo, tomé el control sobre mí mismo y comencé a hacer cambios.

Después de algunas semanas de hacer reemplazos keto amigables con mis alimentos favoritos, comencé a notar una diferencia. Mis pantalones estaban ligeramente más sueltos, lo suficiente como para que ya no sintiera que estallarían al usarlos. Me costaba trabajo creer que efectivamente hubiera perdido tanto peso, pero quería seguir adelante.

Después de un par de meses más, había adoptado una buena rutina de comidas y refrigerios y estaba alcanzando mis proporciones de macronutrientes casi diariamente. Fue entonces cuando mis kilos realmente comenzaron a derretirse... pero eso no fue todo. También tenía más energía de la que había tenido en años y era capaz de completar mis días laborales sin un bajón a mediodía. ¡Me sentía mejor de lo que me había sentido en una década!

Ahora, años más tarde, me siento como un hombre completamente nuevo.

La dieta cetogénica me ayudó a pasar de un peso exorbitante de 141 kilos a uno saludable de 104. Aún soy un hombre grande, pero con una altura de 1.89 metros, me siento muy bien acerca de esos números. Además, reduje significativamente mi porcentaje de grasa corporal y he desarrollado bastantes músculos. Ya no me siento apenado de verme en el espejo, ¡pues veo una versión más saludable y en forma de mí mismo!

Para este punto, es posible que usted aún tenga algunas dudas, pero espero que también sienta intriga. Elegir la dieta cetogénica es la mejor decisión que he tomado en mi vida y estoy seguro de que puede ayudarlo a usted tanto como me ayudó a mí.

Ahora, ¿qué debe esperar de este libro?

Antes que nada, quiero dejar claro que no soy un practicante médico en el sentido convencional, lo que significa que no soy un doctor con licencia. Soy, sin embargo, una persona común que estaba lidiando con problemas médicos, en gran parte debido a mi propia falta de preocupación sobre la dieta y el ejercicio. Estuvo dentro de mis propios intereses investigar acerca de nutrición, salud, y por supuesto, de la dieta cetogénica. Tomé cursos presenciales y en línea acerca del tema y eventualmente también comencé a cocinar, ¡pues estaba convencido de que podía usar los conocimientos que tenía sobre la dieta para crear ideas culinarias que le gustarían a mi paladar!

En este libro, revisaremos a profundidad lo que es la dieta cetogénica y cómo se diferencia de otras dietas. Esto le dará las bases fundamentales y la motivación para continuar con la dieta, especialmente durante las etapas iniciales en las que es posible que no vea los resultados. Aprenderá lo que significa inducir al cuerpo a un estado de cetosis y cómo realmente lograrlo. El proceso se desglosa en un formato paso a paso simple. De hecho, me puse en los zapatos de un keto principiante al escribirlo. ¿Qué es lo que yo desearía haber sabido para facilitar mi transición hacia la cetosis? Descubrirá cuáles alimentos puede consumir y cuáles no, y cómo mantener un registro de sus porciones de macronutrientes, también conocidos como macros. Además, obtendrá un plan de alimentación y una colección de deliciosas recetas para hacer su viaje cetogénico tan suave como sea posible.

De acuerdo. Entonces, ¿está listo para comenzar?

La dieta cetogénica tiene el potencial de dar un giro completo a su vida, ¡pero sólo funciona si usted la hace funcionar! Así que no deje pasar más tiempo: ¡voltee la página y continúe leyendo para aprender cómo hacer que la dieta cetogénica funcione para usted!

Como una nota aparte, el propósito de este libro no es ser como una plática motivacional que lo haga sentirse bien consigo mismo sin ofrecerle nada más. Estoy seguro de que la fuente de motivación más importante que podrá tener vendrá de usted mismo y de su propio cuerpo. Las señales que su cuerpo le dará cuando comience a disfrutar del cálido baño de la energía proporcionada por las cetonas serán la señal positiva que le permitirá continuar en este viaje cetogénico, justo como lo ha sido, y como aún lo es, conmigo.

Capítulo 1
¡Acérquese! No Lo Morderá: La Dieta Cetogénica

El estadounidense promedio lleva una dieta que es muy alta en carbohidratos y se puede decir que es muy poco saludable. Por lo tanto, dos de cada tres estadounidenses tienen sobrepeso o son obesos [1]. La conexión entre estas dos cosas es innegable. Pero ¿exactamente cómo es que la típica dienta occidental contribuye a la obesidad? Hay muchas maneras.

Un ejemplo proporcionado por el Departamento de Agricultura de los Estados Unidos (USDA) es un reporte que afirma que el estadounidense promedio consumió 20% más calorías por día en el año 2000 que en el año 1983 [2]. Este reporte pone la mayor parte de la culpa en el aumento en el consumo de carnes rojas, pero la comida rápida y los alimentos procesados (especialmente los carbohidratos refinados) también juegan un papel.

En general, el cuerpo humano es muy flexible: se adapta al tipo de dieta que uno siga, encontrando una manera de obtener energía y nutrientes de cualquier alimento que se le ofrezca. Al seguir una dieta alta en carbohidratos, el cuerpo se optimiza para quemar carbohidratos como fuente de energía. Los carbohidratos están compuestos de moléculas de azúcar ligadas, y mientras el cuerpo digiera los alimentos que consumimos, estas moléculas son desintegradas y se convierten en moléculas de glucosa que entran al torrente sanguíneo y se envían a través del cuerpo a las partes que requieren energía.

Algo que debe saber es que hay diferentes tipos de carbohidratos y que el cuerpo los metaboliza de distintas maneras. Los carbohidratos simples son productos como el pan blanco, las golosinas azucaradas y la pasta. Estos alimentos son descompuestos con facilidad y la glucosa llega al torrente sanguíneo rápidamente, provocando un pico en el nivel de azúcar en la sangre. Los carbohidratos complejos como los granos integrales, por el otro lado, tardan más tiempo en ser descompuestos, lo que significa que proporcionan un flujo constante de energía en lugar de una ráfaga rápida seguida de una caída súbita.

El cuerpo humano es capaz de quemar carbohidratos bastante rápido, pero si usted consume más carbohidratos de los que su cuerpo puede utilizar, ¿qué sucede con el exceso? Su cuerpo se vuelve incapaz de almacenar los carbohidratos eficientemente, y es por eso que son lo primero que se quema cono energía. Cualquier carbohidrato que quede sin utilizar se convierte en glucógeno, el cual es posteriormente almacenado en los músculos y en el hígado. Si su cuerpo quema los carbohidratos disponibles y aún requiere más energía, comenzará a quemar sus reservas de glucógeno.

¿Pero cómo es que los carbohidratos extra se convierten en grasa?

Cuando el azúcar en su sangre comienza a disminuir, su cuerpo envía una señal para liberar el glucógeno almacenado, de manera que pueda quemarse para obtener energía. Si usted consume tantas calorías que su cuerpo no pueda almacenar el exceso como glucógeno, el hígado comenzará a convertir la glucosa extra en triglicéridos (grasas), los cuales pueden ser almacenados en las células grasas. Mientras más calorías consuma sin el ejercicio adecuado, más grasa almacenará su cuerpo [3].

La dieta cetogénica es diferente de la típica dieta occidental porque se enfoca más en las grasas que en los carbohidratos. De hecho, es una dieta baja en carbohidratos que tiene el propósito de inducir a su cuerpo en un estado cetogénico en el cual se reconozca a la grasa como el combustible. Continúe leyendo para aprender qué es la cetosis y cómo afecta al cuerpo.

¿Qué es la Cetosis? ¿Cómo Funciona?

Si usted quiere entender el proceso de la cetosis, debería pensar en su cuerpo como una máquina. Su cuerpo está formado de muchas partes diferentes, pero todas requieren combustible para funcionar correctamente. Hay diferentes tipos de combustibles que puede darle a su cuerpo, aunque algunos funcionan mejor que otros. Los carbohidratos, por ejemplo, se queman rápidamente, pero no son la opción más eficiente. Además, su cuerpo no puede almacenar el exceso para uso rápido. Una mejor y más eficiente fuente de combustible para el cuerpo son las grasas.

Cuando el cuerpo pasa de quemar carbohidratos a quemar grasas para obtener combustible, entra en un estado metabólico conocido como cetosis. En la ausencia de glucosa, la cual se quema rápidamente, el uso de energía comienza a depender de las grasas almacenadas en el hígado y en otras partes del cuerpo. Al quemar estas grasas almacenadas, el cuerpo produce cetonas. Las cetonas son un tipo de ácido graso que se puede utilizar como energía prácticamente de la misma manera que la glucosa.

La dieta cetogénica está basada en el principio de la cetosis y está estructurada con la meta de inducir al cuerpo en un estado en el que utilice a las cetonas como su fuente principal de energía. Básicamente, usted puede lograr esta meta reduciendo significativamente su ingesta de carbohidratos y aumentando su ingesta de grasas. Deberá moderar la ingesta de proteínas para asegurar que su cuerpo queme la grasa almacenada como fuente de combustible en lugar de comerse sus músculos.

Algo que debe considerar con la dieta cetogénica es que aunque la grasa se convertirá en su fuente primaria de combustible, usted sí tendrá que consumir algunos carbohidratos. Ciertos órganos del cuerpo requieren glucosa (particularmente el cerebro), así que deberá mantener su consumo de carbohidratos mínimo, pero definitivamente arriba de cero. ¡Esto no debería ser tan difícil en este mundo lleno de carbohidratos en el que vivimos!

¿Es esta una Dieta Milagro más?

Ahora que tiene un mejor entendimiento de la cetosis y de lo que es la dieta cetogénica, puede estar preguntándose si es demasiado buena para ser verdad. Una dieta con la que puede comer alimentos altos en grasa y aun así perder peso suena increíble, ¿cierto? Así que debe ser sólo una dieta milagro más que puede ayudarlo a perder algo de peso al principio para después recuperarlo todo y más.

En realidad, ¡este absolutamente no es el caso!

La dieta cetogénica es diferente a las dietas milagro porque no depende de la restricción extrema o de los hábitos dietéticos extraños para lograr el éxito. De acuerdo, así que la idea de consumir niveles altos de grasa contra carbohidratos puede sonar algo extraña para usted, pero es un principio basado en la ciencia y respaldado por investigación. La mayoría de las dietas milagro están débilmente basadas en algún tipo de principio científico, pero usualmente están tan distorsionadas que, si escarba un poco bajo la superficie, descubrirá que no son en absoluto lo que afirman ser.

Si echa un vistazo a la ciencia, encontrará que hay una gran cantidad de investigaciones que respaldan los beneficios de la dieta cetogénica. Aquí hay algunos ejemplos:

- Una reseña del 2014 publicada en el *International Journal of Environmental Research and Public Health* confirmó los beneficios de la dieta cetogénica para la pérdida efectiva de peso y para la mejora en los factores de riesgo de enfermedad cardiovascular [4].

- Un estudio del 2013 publicado en el *European Journal of Clinical Nutrition* reveló que la dieta cetogénica ayuda a suprimir el apetito y que proporciona otros beneficios para la pérdida de peso [5].

- Un estudio del 2004 publicado en *Prostaglandins, Leukotrienes and Essential Fatty Acids* reveló los efectos terapéuticos de la dieta cetogénica para la resistencia a la insulina, el daño por radicales libres y la hipoxia [6].

- Un estudio del 2005 publicado en el *Annals of Internal Medicine* reveló que una dieta baja en carbohidratos, como la dieta cetogénica, produce mejoras significativas en los niveles de glucosa en la sangre y en la resistencia a la insulina [7].

- Una reseña del 2009 publicada en *Obesity Reviews* resumió los beneficios de una dieta baja en carbohidratos tanto para la obesidad como para las enfermedades cardiovasculares: demostró cambios significativos en el índice de masa corporal y en los niveles de colesterol, triglicéridos y de presión sanguínea [8].

- Un estudio del 2007 publicado en el *Journal of Nutrition and Metabolism* reveló los beneficios de una dieta cetogénica restrictiva de calorías para la reducción del crecimiento en casos de cáncer cerebral maligno [9].

- Un estudio del 2010 publicado en el periódico polaco *Przeglad Lekarski* demostró los beneficios de una dieta cetogénica para la reducción de la epilepsia y la protección del cerebro [10].

Para este momento, debería ser claro para usted que la dieta cetogénica y sus beneficios están basados en ciencia e investigación. ¿Pero cómo se diferencia de otras dietas? Continúe leyendo para descubrirlo.

¿Cómo se Diferencia la Dieta Cetogénica de Otras Dietas?

A diferencia a muchas dietas milagro, la dieta cetogénica está diseñada para uso a largo plazo. Mientras más tiempo siga la dieta, más beneficios obtendrá. Aunque esta dieta sí ofrece beneficios como pérdida de peso, mejores niveles de energía, reparación de la sensibilidad a la insulina y mejor humor, es diferente de otras dietas de muchas maneras. Aquí hay algunas diferencias rápidas entre la dieta cetogénica y otras dietas populares:

- **Dieta Atkins** – Aunque ambas dietas son bajas en carbohidratos, la dieta keto se enfoca en el consumo de grasas y hay proporciones recomendadas para los carbohidratos, las proteínas y las grasas.

La dieta Atkins se concentra más en sus cuatro fases, con una de ellas provocando cetosis a corto plazo. La fase de mantenimiento de la dieta Atkins no es tan baja en carbohidratos como la dieta cetogénica.

- **Dieta Paleo**– La dieta Paleo es libre de granos, gluten y lácteos, con un énfasis en fruta fresca, vegetales, nueces y proteína magra. La dieta cetogénica se enfoca más en las proteínas grasas como la carne roja, y de igual manera en productos lácteos como la crema espesa. Ambas dietas están diseñadas para uso a largo plazo y proporcionan muchos beneficios a la salud.

- **Dieta Mediterránea** – La dieta Mediterránea hace gran énfasis en las grasas saludables (particularmente los ácidos grasos omega-3), pero también incluye una gran cantidad de granos integrales y vegetales altos en carbohidratos. Ambas están pensadas para uso a largo plazo, además de que pueden apoyar a la pérdida de peso y aportar numerosos beneficios para la salud.

- **Dieta Libre de Gluten** – Una necesidad médica para personas con alergias al gluten y enfermedad celíaca, la dieta libre de gluten también es una popular tendencia de salud. Este tipo de dieta es libre de granos que contengan gluten, pero no hay ninguna otra restricción. Hay algo de terreno común entre la dieta libre de gluten y la cetogénica, pues muchas de las alternativas libres de gluten, tales como la harina de almendra y la harina de coco, encajan bien en la dieta cetogénica baja en carbohidratos y alta en grasas.

- **Comer Limpio** – Aunque no es una dieta específica sino una elección dietética, comer limpio consiste en comer solamente alimentos integrales y mínimamente procesados. Este tipo de dieta suele ser alta en granos integrales, frutas y vegetales. Esto es una desviación de la dieta cetogénica, la cual está enfocada en las grasas, aunque ambas incluyen bastante proteína de fuentes saludables.

- **Detoxificaciones y Limpias** – Ya sea por medio de jugos, batidos o ayuno, las dietas de detoxificación y las limpias suelen ser muy bajas en calorías y grasa. Estas dietas están diseñadas para limpiar el cuerpo de las toxinas acumuladas y para promover la rápida pérdida de peso, pero la mayor parte de esta termina siendo peso de agua. La dieta cetogénica es una elección a largo plazo y no implica tanto estrés para el sistema como las dietas ultrarrápidas.

- **Veganismo y Vegetarianismo** – Estas dietas limitan o excluyen los productos de origen animal como los huevos y la carne. Están enfocadas en excluir estos alimentos en lugar de restringir calorías. La dieta cetogénica es distinta porque hay un fuerte énfasis en productos de origen animal como el tocino, los huevos, la carne roja y los productos lácteos (los cuales se excluyen de la dieta vegana).

Para este punto, usted debería tener un mejor entendimiento de lo que es la dieta cetogénica y de cómo es diferente a otras dietas. En el próximo capítulo, veremos más de cerca los beneficios de la dieta cetogénica. También recibirá información útil para ayunar estando en la dieta cetogénica y algunas precauciones que debe tomar antes de comenzar la dieta.

CAPÍTULO 2

BUENO PARA MÍ, EXCELENTE PARA USTED: LOS BENEFICIOS

El beneficio más obvio de la dieta cetogénica es, por supuesto, la pérdida de peso. Aunque usted descubrirá que prácticamente cualquier dieta puede ayudarlo a perder peso si reduce las calorías suficientes, la dieta cetogénica está específicamente optimizada para pérdida de peso. Si usted ha estado luchando para quitarse una llanta extra de encima o desea moldear su cintura, la dieta cetogénica puede ser exactamente lo que estaba buscando.

Pero ¿exactamente cómo funciona la dieta cetogénica para la pérdida de peso?

El concepto es bastante simple. Cuando usted reduce su ingesta de carbohidratos de manera que su cuerpo ya no tenga glucosa almacenada para quemar y obtener energía, su cuerpo debe encontrar algo más para quemar. Además de quemar la grasa que usted come, su cuerpo también comenzará a atacar la grasa almacenada. Múltiples estudios de investigación han demostrado que la dieta cetogénica es mucho más efectiva para quemar grasa que las dietas bajas en grasa y altas en carbohidratos. ¡El cuerpo necesita las grasas como materia prima para producir las cetonas y utilizarlas como fuente de energía!

Además de aumentar la quema de grasas, la dieta cetogénica también reducirá la producción de insulina, así que usted dejará de almacenar grasa. Esto significa que incluso si usted come de más de vez en cuando, no estará deshaciendo el progreso que haya logrado con la dieta. También notará que la dieta cetogénica reduce el apetito, así que se sentirá menos hambriento entre comidas y esto lo ayudará a evitar los antojos y el exceso de comida.

Todo lo mencionado anteriormente es atractivo y obviamente suena genial, pero ¿exactamente cuál es la ciencia detrás de todos estos grandes beneficios? ¡Descubrámoslo!

PÉRDIDA DE PESO NATURAL

Este es básicamente el principal atractivo para muchas, muchas de las personas que hacen la dieta cetogénica. Yo también fui una de esas personas, subiéndome al tren cuando supe que necesitaba bajar de peso para mejorar mi salud. La dieta cetogénica realmente es excelente para la pérdida de peso, como pronto descubrirá usted mismo al embarcarse en los planes de alimentos y realmente entrar en cetosis. La verdadera magia de esto es que usted involucrará a su cuerpo para ayudarlo a perder el peso, en lugar de depender de las restricciones y de la cuenta de calorías para quemar grasa.

Cuando recién comencemos la dieta, empezaremos a perder peso de agua en las etapas iniciales. Esto se debe al hecho de que nuestros carbohidratos almacenados están presentes principalmente en forma de glucógeno líquido. Conforme reducimos la dependencia de los carbohidratos, el cuerpo consume primero estos almacenes de energía fácilmente disponibles mientras hace la transición a la cetosis. Esta pérdida de peso de agua puede representar entre 2 y 9 kilogramos, dependiendo de su peso inicial cuando comience la dieta. Esto ciertamente funciona muy bien para levantar los ánimos y la mayoría de las personas atribuyen el peso perdido a la dieta cetogénica. Sin embargo, si fuéramos a ser muy exactos con nuestras especificaciones, esta pérdida de peso de agua en realidad se debe a que estamos restringiendo nuestros carbohidratos y no a la cetosis quemagrasa.

Conforme superemos los primeros días y comencemos a transitar hacia las primeras semanas de estar en la dieta cetogénica, notaremos cambios más significativos en la báscula. La clave aquí es la restricción de carbohidratos que tanto hemos mencionado. Como una fuente de energía rápida, los carbohidratos son los mejores. La glucosa obtenida de los carbohidratos es rápidamente canalizada hacia todas las áreas del cuerpo, proporcionándoles el aumento de energía necesario cuando lo requieran. Lo malo acerca de esto es que nuestros cuerpos realmente no están diseñados para almacenar carbohidratos. En realidad, no podemos almacenar más allá de uno o dos días de energía en comparación con nuestras reservas de grasa.

Cuando reducimos los carbohidratos, el cuerpo entra en cetosis, como sabemos ahora. Este plan alterno de la naturaleza para obtención de energía vería a las grasas siendo procesadas a través del hígado y luego convertidas en cetonas proveedoras de energía. Esto también es parte de la razón por la cual muchas personas consideran a la dieta cetogénica como una dieta restrictiva de alimentos. De cierta manera no están equivocados, pues esta manera alterna para que el cuerpo produzca energía puede mantener vivo a un humano sin ingesta de alimentos hasta por un mes. Las reservas de grasa se convierten en el combustible del cuerpo. Sin embargo, definitivamente debo dejar muy claro que no estaremos restringiéndonos el alimento al estar en la dieta cetogénica. Sólo por el hecho de que la cetosis sea la manera de la naturaleza para evitar que muramos en ausencia de alimentos no significa que se le deba dar una connotación negativa. Aún más importante: al estar en la dieta cetogénica, debemos recordar que no estamos contando calorías y que es absolutamente necesario comer cuando sintamos hambre.

Cuando nuestro cuerpo hace la transición exitosa hacia la quema de grasas para obtención de energía, esto significaría que tanto la grasa almacenada como la grasa que consumimos a diario podría ser usada para producir cetonas. El truco aquí es que hay que dejar que el cuerpo se acostumbre a quemar grasa en lugar de glucosa. Esta es la razón principal por la que la dieta keto es una dieta alta en grasas y baja en carbohidratos. Mientras no salgamos del estado de cetosis, la pérdida de peso que experimentaremos definitivamente será por las grasas, además de la pérdida de peso de agua que se mencionó anteriormente.

Nada de ejercicio, nada de restricción de calorías, nada de píldoras mágicas ni moras exóticas para perder peso. La dieta cetogénica simplemente activa las funciones naturales del cuerpo para echar a andar este poderoso proceso de pérdida de peso natural. Algo que hay que tomar en cuenta, sin embargo, es que esto no significa que ahora podremos comer excesivamente. Sin importar qué métodos use usted para perder peso, si come en exceso y lo hace aun sintiéndose satisfecho, me atrevería a decir que sería muy difícil provocar la más mínima pérdida de peso. Afortunadamente, hay algo acerca de la dieta cetogénica que también ayuda a prevenir que comamos en exceso. ¡Continúe leyendo!

MANEJO DEL HAMBRE

Antes que nada, debo decir que cuando abandonamos la dieta basada en carbohidratos y adoptamos una basada en grasas, ya estamos haciéndonos un favor cuando se trata de manejo del hambre. Los carbohidratos les llaman a los de su tipo, justo como las sirenas de antaño que tanto temían los marinos en tiempos antiguos. Dígame si ha experimentado esto: termina una bolsa de papas, o tal vez tres donas de chocolate, y en una o dos horas, su estómago gruñe un poco y usted comienza a sentir esa pequeña y cálida sensación en la boca del estómago que le dice que es hora de encontrar comida otra vez.

Esto se debe principalmente a las fluctuaciones en los niveles de azúcar en la sangre que ocurren cuando hay un consumo alto de glucosa. Hablaremos más de esto en un segmento posterior, pero por ahora, es suficiente decir que cuando hacemos la transición a una dieta basada principalmente en grasas, este problema de los carbohidratos entrometiéndose con nuestras sensaciones de hambre desaparece.

Conforme entremos en cetosis y el cuerpo active el proceso de quema de grasas para obtener energía, generalmente sentiremos menos instancias de hambre y más sensación de saciedad. Esto ocurre incluso si consumimos sólo dos comidas en un día, lo cual, debo decir, es bastante común entre los practicantes de la dieta keto.

Al consumir más grasas junto con cantidades moderadas de proteína, estos dos macronutrientes esenciales tienen la habilidad de hacerlo sentir saciado, además de que le permiten mantenerse con esa sensación de estar lleno por más tiempo. Si juntamos esto con el hecho de que la mayoría de los alimentos procesados y poco saludables están cargados de carbohidratos, no será una gran sorpresa que comencemos a sentir menos hambre conforme reduzcamos estas calorías vacías y las reemplacemos con alimentos integrales, los cuales son altos en nutrientes y consisten en grasas y proteínas.

Más allá de todo esto, estar en cetosis tiene un efecto doble sobre las hormonas que controlan el hambre. La ghrelina, la hormona que nos hace sentir hambrientos, se reduce cuando nuestro cuerpo está en cetosis. Esto representa buenas noticias, pues la ghrelina usualmente aumenta cuando nos involucramos en dietas tradicionales y comenzamos a perder peso. Esto significaría que usted se encontraría en un dilema. Mientras más tratara de perder peso a través de dietas convencionales, ¡más hambre sentiría debido al aumento en la producción de ghrelina! Además de esto, la hormona que controla la sensación de saciedad, la colecistoquinina, sufre exactamente lo contrario que le sucedió a la ghrelina mientras el cuerpo está en cetosis. Típicamente, conforme usted pierde peso, la producción de colecistoquinina se reduce en un intento de inducirlo a comer más.

Algunas personas han preguntado si esto significa que el cuerpo podría malgastarse a sí mismo, dado que las sensaciones de hambre son suprimidas y que podríamos no saber si realmente estamos hambrientos. Para responder esto, primero tendríamos que entender que el cuerpo, como organismo, es una maravillosa y complejamente balanceada máquina de autoaprendizaje. La habilidad del cuerpo para corregirse es insuperable.

Cuando estemos en cetosis, aún experimentaremos hambre conforme nuestras fuentes de energía disminuyan por nuestras actividades diarias. Estas sensaciones de hambre son lo que yo consideraría hambre real, pues no son provocadas por los carbohidratos. Cuando sienta tal hambre en la dieta cetogénica, ¡usualmente es una señal de que debe consumir su siguiente comida! Al menos eso es lo que yo siempre hago. Es por eso que muchos keto practicantes siempre hablan acerca de comer sólo cuando se sienten hambrientos, de manera que no están sujetos a las normas sociales usuales de comer durante las horas de desayuno, el almuerzo y la cena. Estar en contacto con las necesidades de nuestro cuerpo realmente puede ser una sensación liberadora. Así que la idea de que el cuerpo podría malgastarse en realidad no tiene mucho sentido, pues aún recibiremos señales de hambre que harán que comamos.

Lo que realmente sucederá es que tendremos ataques de hambre con menos frecuencia que si estuviéramos en una dieta basada en carbohidratos. Los ajustes en los niveles de hormonas que controlan el hambre también juegan un papel, al igual que la sensación de saciedad provocada por las grasas y las proteínas. También hay otra razón por la cual se reducen los ataques de hambre: ¡simplemente porque estamos obteniendo más energía de la quema de grasas!

Más Energía y Claridad Mental

Estoy bastante seguro de que no soy el único que siente cansancio o fatiga en los huesos justo después de una comida alta en carbohidratos. Sólo imagine haber consumido una comida abundante, y tal vez incluso haberla complementado con un buen postre azucarado, y literalmente dentro de una hora encontrarse cabeceando, apenas capaz de mantener los ojos abiertos. Sé que muchas de las instancias de moretones en mis muslos se deben a la fuerza con la que me pellizco tratando de mantenerme despierto.

El tema con esta fatiga es que puede ser evitada fácilmente, ¡con tan sólo reducir los carbohidratos! Cuando el cuerpo descompone los carbohidratos para obtener combustible, la glucosa que se genera necesita insulina que actué como mediadora, de manera que la glucosa pueda ser transportada a los diferentes órganos y células para ser utilizada como energía. Esta es la principal razón por la cual nuestro páncreas aumenta drásticamente nuestra producción de insulina cuando consumimos una comida alta en carbohidratos. El cuerpo sabe que tiene que guiar de manera segura al azúcar presente en la sangre para que pueda ser usada como energía o ser almacenada como grasa.

En los casos en los que nuestros cuerpos son razonablemente jóvenes y no están metabólicamente dañados, la sensibilidad resultante a la insulina aún es alta y el páncreas es capaz de crear la cantidad exacta de insulina para que coincida con el nivel de azúcar presente en la sangre. Sin embargo, conforme envejecemos y dañamos metabólicamente a nuestros cuerpos a través de la falta de atención y la mala dieta, nuestra sensibilidad a la insulina disminuye. Esto provoca que el páncreas produzca cantidades cada vez más altas de insulina para poder transportar la misma cantidad de azúcar en la sangre. El pobre páncreas se da cuenta de que las células del cuerpo no están respondiendo a la insulina como antes y, por lo tanto, aumenta la producción para normalizar la situación. Esto resulta en una rápida reducción de la glucosa en el torrente sanguíneo, lo cual desencadena el cansancio. Si nos rendimos ante la fatiga y nos vamos a la cama rápidamente, nos daremos cuenta de que a menudo despertaremos con una hambre brutal, acompañada de una extraña sensación de hinchazón en el estómago.

Cuando los niveles de azúcar en nuestra sangre son bajos, el cuerpo activa las señales de hambre para obtener combustible adicional. La sensación de hinchazón en el estómago, sin embargo, es el resultado de que los alimentos no hayan sido digeridos completamente. Si lo pensamos, bajo circunstancias normales, un almuerzo abundante debería permitirnos sentir saciedad hasta la hora de la cena. ¿Por qué es que obtenemos sensaciones de hambre y fatiga tan sólo unas horas después de nuestra última comida?

La clave se encuentra en el combustible que alimenta a nuestro cuerpo. La glucosa desencadena la respuesta de la insulina, la cual, por su vez, tiene el potencial de ocasionar el llamado bajón de azúcar que provoca el cansancio y el hambre. La energía basada en el azúcar o la glucosa puede ser comparada con la luz de una vela: parpadeante y sujeta al albedrío del viento. Cuando la energía de nuestros cuerpos se obtiene de las cetonas, sin embargo, esta fuente de poder es similar a un foco eléctrico: con un gran brillo estable y consistente.

Cuando nuestros cuerpos queman grasa, la insulina rara vez es llamada a actuar. Esto limita las posibilidades de bajones de azúcar. También, dado que la grasa es más fácil de almacenar y está disponible con mayor facilidad que la glucosa, las cetonas producidas de la grasa pueden disponer de los almacenes de grasa de nuestro cuerpo. Como resultado, obtenemos una fuente estable de energía, lo cual explica por qué nos sentimos más energéticos en la dieta cetogénica en comparación con una dieta normal. Se podría decir que las cetonas también son más valiosas que la glucosa, pues se queman de manera más limpia, metabólicamente hablando. Cuando usted tiene una fuente abundante de combustible y la combina con las mejores habilidades de dicho combustible para proporcionar energía, ¿es sorpresivo que se sienta capaz de hacer todas las labores del hogar y que aun así tenga energía para ese proyecto especial que siempre ha querido emprender?

Sin embargo, el atractivo no termina aquí. Usted podrá pensar que tener más energía gracias a la dieta cetogénica es un gran beneficio. ¿Qué hay de obtener mayor claridad mental también? Despídase de aquellos días llenos de niebla mental y de las ocasiones en las que parece no poder concentrarse ni estar listo para enfrentar a la vida con la atención necesaria.

Lo que realmente ocurre detrás de escena para explicar la agudeza mental aumentada es el efecto de las cetonas en el cerebro. Nuestro cerebro cuelga del balance de dos principales neurotransmisores: el glutamato y el ácido gama aminobutírico, también conocido como GABA. El glutamato funciona como un estimulante y usualmente se asocia con los procesos de inteligencia, tales como hablar o pensar de manera abstracta. Se ha descubierto que los genios suelen tener niveles más altos de glutamato. Sin embargo, los niveles demasiado altos, sin el efecto balanceador del GABA, resultarían en sobreestimulación del cerebro. Es aquí cuando ocurren las convulsiones, los ataques y la neurodegeneración genérica. Resulta ser que el glutamato necesita la presencia del GABA, que actúa como calmante, para reducir los efectos potencialmente debilitantes de la sobreestimulación.

Lo que las cetonas hacen en el cerebro es proporcionar una manera más eficiente para que el glutamato sea procesado con el GABA, lo cual provoca un ambiente neural con menos neuronas disparando al mismo tiempo. Esto se traduce en un efecto en el mundo real de mejor claridad mental y de eliminación de la niebla mental. El cerebro también aprecia a las cetonas como un mejor combustible. Aunque debe mencionarse que sí se requiere cierta cantidad de glucosa para mantener una función saludable, esta cantidad de glucosa puede ser proporcionada fácilmente por los carbohidratos limitados que consumimos, al igual que por el proceso de la gluconeogénesis, el cual consiste en la creación de glucosa a través de las proteínas. La diferencia entre la glucosa y las cetonas como fuente de combustible es claramente atribuible a sus huellas oxidativas. La glucosa en exceso induce mucho más estrés oxidativo que las cetonas. Si consideramos el hecho de que el cerebro requiere glucosa cuando estamos fuera de la dieta keto, tenemos un caso en el que es inminente que el cerebro sufrirá daño oxidativo. Con la presencia de las cetonas, sin embargo, este daño oxidativo se frena un poco, y en algunos casos incluso se revierte, llevándonos a postulaciones acerca de las cualidades neuroprotectoras de la cetosis.

SALUD CEREBRAL MEJORADA CON LA DIETA KETO

Puede ser que usted haya leído acerca de cómo la dieta cetogénica se usaba desde los 1920 para tratar a personas con epilepsia. Se ha demostrado que la dieta reduce las incidencias de los ataques sin necesidad de medicamentos. De hecho, el tratamiento de la epilepsia a través de dietas data de la época de los antiguos griegos. Hipócrates, el famoso médico, fue uno de los pioneros de esta terapia, mientras que la medicina ejercía un rol secundario.

Varios estudios de investigación y evidencia anecdótica han apuntado a la eficacia de la dieta cetogénica para reducir o incluso suprimir totalmente las convulsiones, particularmente en casos de epilepsia infantil. Estudios médicos recientes han postulado que la razón de estos aparentes beneficios principalmente es el aumento en la producción de energía en el hipocampo, el cual es provocado por la introducción de cetonas como combustible para el cerebro. Se cree que los niveles aumentados de energía en el cerebro contribuyen significativamente a asegurar más estabilidad en la actividad neuronal. Las investigaciones también demostraron que la dieta cetogénica mejoró la resistencia del cerebro al estrés oxidativo, lo cual es un buen augurio para otras enfermedades neurodegenerativas como el Alzheimer y el Parkinson.

El Alzheimer es considerado por algunas personas como la diabetes del cerebro, pues las células cerebrales se vuelven resistentes a la insulina y, por lo tanto, no son capaces de recibir la cantidad de glucosa que requieren. Esta privación de azúcar sanguínea a un órgano dependiente de la glucosa como el cerebro esencialmente significa que el muy necesario combustible para los procesos neurales se reduce, a veces demasiado, provocando daños al sistema neural. Esto abre el camino para que el Alzheimer eche raíz. Si el cerebro obtiene su energía de las cetonas, sin embargo, la resistencia de las células a la insulina puede ser remediada efectivamente, pues hay muy poca necesidad de insulina si no se depende de la glucosa como combustible. Las cetonas también parecen proporcionar una capa extra de protección ante el daño oxidativo.

Para las enfermedades como el Parkinson y ciertos tipos de demencia, el daño oxidativo a las células del cerebro y la disminución en la producción de energía neural son considerados los principales culpables de permitir que estas enfermedades progresen. Cuando su cuerpo está en cetosis, sin embargo, estos dos factores dañinos se detienen debido a la presencia de las cetonas.

Otro factor que hay que considerar es el impacto de la grasa adicional que la dieta cetogénica introduce al cerebro. El cerebro está efectivamente compuesto de alrededor de 60% de grasa. Las grasas poliinsaturadas, tales como los ácidos grasos omega-3, han sido investigadas para demostrar que provocan reacciones positivas cuando se introducen en el cerebro. En algunos casos de trauma cerebral, el ácido eicosapentaenoico (EPA), una forma de ácido graso omega-3, ha sido suministrado directamente en el sistema intravenoso, reduciendo los tiempos de recuperación a la mitad o más. El EPA, de hecho, ayuda a reducir el daño inflamatorio infligido sobre el cerebro por trauma o por una dieta alta en carbohidratos. Con la ayuda de la dieta keto alta en grasas, sería natural suponer que estaríamos recibiendo más de estas grasas benéficas en nuestro sistema, dándonos, por lo tanto, una mejor protección contra la neurodegeneración.

Aunque las prácticas médicas modernas aún tienen que adoptar completamente la dieta cetogénica e implementarla oficialmente contra las enfermedades neurodegenerativas, no ha habido falta de investigaciones científicas, ni de estudios en grupos de pacientes, que hayan demostrado los efectos positivos de la dieta para frenar y suprimir estas enfermedades. No tengo duda de que llegará el día en el que podremos hablar libremente de la dieta cetogénica con cualquier doctor. Ahora mismo, sin embargo, yo sugeriría filtrar a los doctores para encontrar a aquellos que efectivamente saben lo que es la dieta cetogénica y evitar a los que sólo la rechazan y se burlan al escuchar de ella. Después de todo, ¡esto es por el beneficio a su propia salud!

INFLAMACIÓN REDUCIDA CON LA DIETA KETO

Al tratar este tema, creo que es una buena idea profundizar un poco más y analizar lo que realmente es la inflamación y cómo impacta a nuestro cuerpo. La mayoría de nosotros estamos bastante familiarizados con lo que se conoce como inflamación aguda. Suena bastante mal, pero en realidad es sólo la respuesta de nuestros cuerpos ante cualquier cosa, desde un corte pequeño en el dedo hasta ese horrible resfriado que de alguna manera logra entrar a nuestros sistemas.

Básicamente, el cuerpo detecta que hay patógenos externos o entidades que son dañinas, por lo que rápidamente envía a los glóbulos blancos de la sangre para atacar a la amenaza. Varias expresiones genéticas proinflamatorias también son activadas en un intento de aplastar a estos merodeadores ofensivos. No se equivoque: la inflamación es esencial para la supervivencia humana. Sin ella, dudo mucho que pudiéramos sobrevivir al resfriado común, ¡pues no tendríamos medios para vencer al virus!

La parte engañosa comienza cuando hablamos de inflamación crónica. La artritis reumatoide, el asma y la acumulación de placa arterial, la cual puede ser una amenaza para el corazón, son instancias de que la inflamación crónica está ocurriendo. Lo que usualmente sucede es que el cuerpo está constantemente expuesto a agentes o sustancias que considera peligrosas, por lo que las reacciones inflamatorias están siendo activadas frecuentemente. Con el paso del tiempo, el cuerpo está constantemente en un estado de guerra y agresión, lo cual no es muy conveniente porque todo requiere un balance.

En una dieta basada en carbohidratos, el azúcar es el culpable que desencadena la inflamación. Entonces imagine que usted está en la dieta normal, la cual es predominantemente alta en carbohidratos. En este caso, ¡usted estaría introduciendo sustancias proinflamatorias a su cuerpo diariamente! Además de esto, la oxidación celular adicional provocada por la presencia de glucosa también promueve la inflamación.

Cuando entramos al estado de cetosis, ciertas reacciones antiinflamatorias entran en juego. El daño oxidativo a las células se reduce porque estas utilizan las cetonas, que son fuentes de energía más limpias, en lugar de la glucosa. Esto produce menos especies de oxígeno reactivo, o EOR, las cuales son conocidas por promover la inflamación. Se sabe que ciertas expresiones genéticas que están asociadas con mayor inflamación también son frenadas debido a los mayores niveles de ácidos grasos, particularmente los ácidos grasos poliinsaturados. También se sabe que al estar en la dieta cetogénica, se eleva la producción del químico adenosina. Esto es genial para propósitos antiinflamatorios porque la adenosina lucha contra la inflamación, además de que es un analgésico natural.

Los pacientes que sufren de esclerosis múltiple y de enfermedad del hígado graso no alcohólico, condiciones cuyas raíces se pueden encontrar en la inflamación crónica, han reportado mejorías después de tan sólo seis a ocho semanas de estar en la dieta keto. La dieta también es excelente para la recuperación del ejercicio, ya que las condiciones antiinflamatorias se hacen presentes en el cuerpo y disminuyen el estrés oxidativo que normalmente acompaña al ejercicio. Algo que hay que tener en cuenta aquí es el potencial de ingerir algunos carbohidratos una hora o menos antes de comenzar nuestras rutinas de ejercicio. Cuando hablo de consumir carbohidratos antes de hacer ejercicio, debo aclarar que me refiero a una vez de que su cuerpo se ha acostumbrado totalmente a la dieta keto, lo cual probablemente tomará entre tres y seis semanas. Lo que yo usualmente consumo son 20 gramos de carbohidratos, que se traducen en uno o dos plátanos, dependiendo del tamaño, o tal vez una barra de chocolate. Este flujo de energía ayuda especialmente si el ejercicio involucra levantamiento de pesas o deportes de impacto en los que el cuerpo se ejercita en ráfagas rápidas. Normalmente dependemos del glucógeno para estas ráfagas rápidas, pero en la dieta keto, el glucógeno sería inexistente. Esto es sólo algo que usted puede considerar, no una regla inquebrantable que debe seguir. Como siempre, si tiene dudas, escuche a su cuerpo. Esto nunca fallará.

Cuando usted reduce el paso de la inflamación y crea un ambiente corporal ligeramente inclinado hacia la antiinflamación, también está creando una situación en la que los efectos oxidativos del envejecimiento se retardan hasta cierto punto. En palabras simples, el envejecimiento es la oxidación de nuestro cuerpo. Con la dieta cetogénica reduciendo el impacto del estrés oxidativo sobre nuestros cuerpos, es sensato decir que potencialmente podemos frenar el envejecimiento prematuro, el cual es provocado por la inflamación crónica. Puede parecer descabellado pensar que algún día la dieta keto podría ser la base para los tratamientos antienvejecimiento, pero, vamos, está bien soñar, ¿no es así?

KETO CONTROL DE LA DIABETES

Con la diabetes como una de las principales condiciones azotando al planeta y cobrando más y más pacientes, probablemente sea una buena noticia que tengamos un método para controlarla. La diabetes predominantemente tiene dos tipos. Hablemos de la diabetes tipo 2 y de cómo puede ser impactada positivamente por la dieta cetogénica.

La causa de la diabetes tipo 2 es la erosión gradual de la sensibilidad de nuestras células ante la insulina. Nuestras células necesitan insulina para ser capaces de usar a la glucosa como fuente de energía, o para ser almacenada como grasa. Sin la cantidad necesaria de insulina, la glucosa se quedaría atascada en el torrente sanguíneo, sin ningún lugar a donde ir. Esto provoca niveles anormales de azúcar en la sangre, lo cual definitivamente no es una buena noticia debido a las cualidades proinflamatorias del azúcar. Conforme nuestras células se vuelven menos y menos sensibles a la insulina, el páncreas se ve forzado a producir más y más insulina con el propósito de inducir a que las células puedan tomar la glucosa que está inundándose en nuestro interior debido a los alimentos altos en carbohidratos. El páncreas, sin embargo, no puede mantener la alta producción de insulina indefinidamente. Llega un punto en el que las células pierden la sensibilidad ante la insulina a tal grado que siempre habrá una alta cantidad de azúcar en la sangre, sin importar las enormes cantidades de insulina que se produzcan. Tener azúcar elevada en la sangre constantemente significaría que la diabetes tipo 2 finalmente se ha apropiado del cuerpo. Sin embargo, no hay que llorar aún, ¡pues la ayuda está a la vuelta de la esquina!

A pesar de que la dieta tradicional propuesta para tratar la diabetes siempre ha sido una variación del tipo baja en grasas y un poco más alta en carbohidratos, con algunas personas enfatizando la necesidad de una dieta con índice glucémico bajo, un estudio de intervención de 24 semanas hecho en 2008, entre otros, demostró que la dieta con bajo índice glucémico tuvo resultados menos favorables en comparación con la dieta cetogénica. Tanto el IMC como el peso corporal y los niveles de azúcar en la sangre registraron reducciones porcentuales mayores en aquellas personas que estuvieron las 24 semanas en la dieta cetogénica.

Lo más importante aquí es la insulina. Con una dieta rica en carbohidratos, a pesar de que esta tenga un índice glucémico menor, la glucosa aún se introduce al cuerpo como el combustible principal. Esto significa que se necesita insulina para llevar la glucosa hacia las células para producción de energía. Cuando entramos en cetosis, las grasas reemplazan a los carbohidratos como el combustible principal del cuerpo. La glucosa en el torrente sanguíneo se reduce enormemente, al igual que la dependencia de la insulina. Imagine a sus células desensibilizadas ante la insulina como un boxeador que constantemente está siendo golpeado, ¡en el mismo lugar! Esto es lo que sucede cuando la glucosa aún está siendo utilizada como combustible principal para los diabéticos. Al cambiar a las cetonas alimentadas por las grasas, el boxeador herido de repente puede levantarse otra vez sin sufrir una lluvia de golpes. De hecho, los golpes a nuestro antes herido boxeador se detienen y ahora él puede tomar el tiempo para recuperarse. Lo mismo aplica para las personas con diabetes tipo 2. La dieta keto no es sólo un medio por el cual la enfermedad puede ser suprimida, sino que posiblemente también podría usarse para revertir la resistencia ante la insulina de las células del cuerpo. Cuando usted tiene una dieta que puede ayudarlo a normalizar los niveles de azúcar en la sangre, además de reducir su necesidad de insulina, no es difícil ver por qué podría haber una oportunidad para revertir el daño metabólico provocado por una dieta alta en carbohidratos.

La diabetes tipo 1 es una situación en la que el páncreas simplemente no puede producir más insulina. Esta es la razón por la cual las personas con diabetes tipo 1 dependen de inyecciones de insulina para llevar energía a sus células después de comer. Mientras más carbohidratos estén presentes en sus comidas, más glucosa se genera y, por lo tanto, más insulina se requiere. Con la dieta keto, los requerimientos de insulina se reducirían drásticamente debido a la ausencia relativa de glucosa.

Algunas personas pueden tomar esta oportunidad para mencionar la cetoacidosis, un término que continuamente es relacionado con los diabéticos tipo 1 que hacen la dieta keto. La cetoacidosis es una situación en la que hay un alto nivel de cetonas presentes en la sangre junto con un alto nivel de glucosa. Esta fuerte mezcla potencialmente puede causar sensaciones de náusea, mareo e incluso muerte si no se trata. Hay algo de preocupación de que con la falta de producción de insulina en diabéticos tipo 1, hay un claro y presente peligro de tener este coctel mortal de cetonas elevadas y glucosa para aquellos que se embarcan en el viaje cetogénico.

Yo siempre sugeriría irse con la elección que sea más cómoda para usted. Sin embargo, asegúrese de que sea una decisión informada. Para que la cetoacidosis suceda, los niveles de cetonas tienen que ser altos, no los niveles normales que usualmente se asociarían con la cetosis nutricional. Además, es necesaria la presencia de altos niveles de azúcar en la sangre. Esto debería ser poco común con la dieta cetogénica, a menos que haya una pérdida de control y ocurra un atraco de carbohidratos.

En mi opinión, los diabéticos tipo 1 todavía pueden beneficiarse de la dieta cetogénica. Sólo tienen que ser más cuidadosos y cuidar su ingesta de carbohidratos como un águila.

Controlando el Síndrome Metabólico

Llamado Síndrome X o síndrome de resistencia a la insulina, el síndrome metabólico no es realmente una enfermedad particular, sino un conjunto de síntomas que apuntan a un mayor riesgo de enfermedad cardiovascular y otras condiciones.

Lo que comúnmente se entiende es que si usted presenta tres de estos cinco síntomas, puede confirmarse el diagnóstico de síndrome metabólico. Los cinco famosos síntomas son lecturas altas de azúcar y de triglicéridos en la sangre, alta presión sanguínea, niveles bajos de colesterol HDL y una amplia línea de cintura.

La dieta cetogénica ayuda revirtiendo lo que usted acaba de leer. Lo que es bajo gradualmente aumenta, mientras que lo que es alto eventualmente baja hasta el rango normal. Las personas que hagan la dieta keto pueden esperar tener niveles más altos y favorables de colesterol HDL después de un periodo sostenido de dieta. Los niveles correspondientes de triglicéridos y azúcar en la sangre deberían normalizarse, lo cual no es ninguna sorpresa, pues una dieta alta en carbohidratos es el principal contribuyente a lecturas más altas de triglicéridos y glucosa. La pérdida de peso, como se mencionó anteriormente, suele ser lo siguiente en la dieta keto. Todos estos factores apuntan de manera muy favorable a la reversión del síndrome metabólico.

Algo más que hay que considerar es que los niveles de colesterol LDL y de colesterol total también disminuirán correspondientemente después de que le demos a la dieta keto el tiempo para hacer su magia. Verá, el colesterol es requerido por nuestros cuerpos para repararse, y también es una sustancia esencial para la vida humana. Necesitamos colesterol en nuestros cuerpos y, de hecho, tener muy poco colesterol se clasifica como una condición potencialmente mortal en el mundo médico. Cuando nos embarcamos en la dieta cetogénica, nuestros niveles de inflamación y oxidación deberían disminuir. Combine esto con la restricción de carbohidratos y verá una menor necesidad de que el cuerpo esté constantemente reparando algún daño, ya sea que este haya sido provocado metabólicamente o de alguna otra manera. Esto también significa que habrá menos necesidad de que el colesterol sea transportado por nuestros cuerpos y, por lo tanto, los niveles disminuirán.

Puede haber algunas preocupaciones acerca del aumento en la ingesta de colesterol debido a la naturaleza de los alimentos grasosos que recomienda la dieta keto. La verdad es que nuestro cuerpo crea del 75% al 80% del colesterol que requiere en el hígado, mientras que el restante es suministrado por la ingesta de alimentos. Cualquier exceso de colesterol no requerido por el cuerpo se regresa o se recicla en el hígado. Como podemos ver, ¡nuestro cuerpo definitivamente no desperdicia ningún recurso!

Conforme controlamos de nuevo el síndrome metabólico, los riesgos de infartos, diabetes y de síndrome del ovario poliquístico se reducen. ¿Se imagina que podría haber un día en el que consumir grasas ayude a evitar las enfermedades cardíacas? Está sucediendo ahora, ¡sólo por el canal cetogénico!

Potencial Retardante del Cáncer

El fundamento de esta teoría es que se cree que las células cancerosas son capaces de subsistir y florecer completamente en la glucosa y sin la presencia de oxígeno. Este punto de vista fue expuesto por el ya fallecido Otto Warburg en 1931, cuyos descubrimientos le consiguieron un Premio Nobel.

La idea de que las células cancerosas toman a la glucosa como un pato deslizándose hacia el agua no es descabellada. La glucosa se utiliza de manera rutinaria en estudios médicos para comprobar la expansión de la enfermedad y las investigaciones han demostrado que las células cancerosas efectivamente prosperan en la glucosa. Entonces, ¿qué sucede si reemplazamos a la glucosa por cetonas como combustible para las células? La concepción principal es que las células cancerosas realmente morirían de hambre, pues su fuente de glucosa sería cortada.

También se pensaba que esta inanición podría ser aplicada a todos los tipos de cáncer y que los tumores correspondientes responderían a la dieta keto de la misma manera: encogiéndose hasta desaparecer.

Ahora parece que no es tan claro como creíamos. Parece ser que los diferentes tipos de cáncer responden de manera distinta a la dieta cetogénica. El cáncer cerebral parece reaccionar de manera más favorable a la privación de glucosa, principalmente porque los tumores dependen bastante de la glucosa para sobrevivir.

Al parecer, el cáncer colorrectal también responde bastante bien cuando hay privación de azúcar. Otros cánceres, como el de seno, no muestran la misma reacción positiva.

Sin embargo, lo que es bastante seguro es la relación entre los niveles de glucosa plasmática, insulina y la tasa de proliferación de las células cancerosas. Mientras más podamos reducir la glucosa y la insulina, más lento será el desarrollo del cáncer.

Este aspecto es en el que la dieta cetogénica destaca. Los niveles de insulina y azúcar en la sangre casi siempre se normalizan con la dieta, lo cual sería de gran ayuda para cualquiera que esté en busca de alternativas para tratar el cáncer.

Además, está bastante bien documentado que los cánceres responden de manera positiva a los efectos del ayuno. Se ha demostrado que con un ayuno típico con duración de un día, el desarrollo de las células cancerosas se retarda y algunas incluso han muerto. Esto claramente convierte al ayuno en una potente arma para ser utilizada en la lucha contra el cáncer. Sin embargo, muchos pacientes, ya estando débiles y con efectos secundarios por la radiación o la quimioterapia, simplemente no pueden imaginar llevar a cabo un ayuno.

Con la dieta cetogénica de su lado, sin embargo, me atrevería a decir que están mejor equipados para ayunar con menos miedo. La supresión del hambre y el manejo del apetito siempre han sido los principales atractivos de la dieta keto y creo que estos factores pueden ser de gran ayuda para que los pacientes con cáncer puedan embarcarse en el ayuno.

¿Cómo Ayuda la Cetosis con el Ayuno?

La dieta cetogénica es una poderosa herramienta para perder peso y quemar grasa, pero también puede combinarse con ayunos para maximizar los beneficios. El ayuno intermitente es una tendencia dietética relativamente nueva, la cual tiene raíces terapéuticas antiguas y poderosos beneficios para la salud y la pérdida de peso. Simplemente implica alternar entre periodos de comer normalmente y de consumir contenidos calóricos reducidos o nada de comida.

Cuando se trata de ayuno intermitente, hay varios enfoques a considerar:

- **Saltarse comidas** – Usted puede saltarse una cierta comida una vez al día para alargar su periodo diario de ayuno (funciona mejor si se salta el desayuno o la cena).

- **Ventanas de alimentación** – Usted puede condensar su ingesta de alimentos en una ventana de 4 a 7 horas una vez al día, ayunando el resto del día.

- **Ayuno prolongado** – Usted puede llevar a cabo un periodo de ayuno de 24 a 48 horas una vez a la semana o una vez al mes.

El tipo de ayuno intermitente que usted escoja debería ser determinado por sus metas. Cuando se trata de los beneficios del ayuno intermitente, hay muchos. Aquí hay algunos:

- Mejor claridad mental

- Menos fatiga y niebla mental

- Niveles de energía mejorados

- Mejora en el desarrollo de músculo y recuperación

- Mayor absorción de nutrientes

- Menos efectos secundarios de terapias para cáncer

Si usted quiere intentar el ayuno intermitente, una opción es usarlo para impulsar el inicio de su dieta cetogénica con un ciclo de 3 días. Escoja un día para comenzar, consuma una comida cetogénica en la cena y hágala su última comida del día. La mañana siguiente, salga a caminar a paso ligero por al menos una hora para agotar sus reservas de glucógeno (asegúrese de mantenerse hidratado). Como alternativa, usted puede hacer un entrenamiento HIIT (entrenamiento por intervalos de alta intensidad) de 30 a 45 minutos. Por el resto del día, tome un suplemento de aceite MCT dos o tres veces para mantener sus niveles de energía arriba.

Al día siguiente, pruebe sus cetonas pinchando su dedo al despertar. Deberían estar entre 0.7 mmol o más (milimoles por litro, los practicantes lo usan como una medida de los niveles de cetonas en la sangre). Si están en ese nivel o en uno mayor, continúe con su ayuno. Si se encuentran por debajo de ese nivel, haga un poco más de ejercicio y repita la prueba. Por el resto del día y el día siguiente, continúe tomando suplementos de aceite MCT e incorpore algunas sales para balancear sus niveles de fluidos. En la tarde del tercer día, rompa su ayuno en la cena con una comida cetogénica. En ese punto, usted puede continuar con el plan de alimentación de 21 días proporcionado más tarde en este libro.

Antes de que inicie la dieta cetogénica, tómese un momento para aprender sobre algunas de las precauciones que podría tener que tomar con ciertos problemas de salud. En general, esta dieta es apropiada para la mayoría de las personas, pero hay ciertas condiciones de salud que pueden complicar la keto transición.

¿La dieta Cetogénica es Apropiada para Todos?

Para este punto, la dieta cetogénica probablemente suene como una gran idea, ¡y lo es! Desafortunadamente, este tipo de dieta no está recomendada para todos y usted debería consultar a su médico para asegurarse de que sea segura para usted antes de hacer el cambio. Asegúrese de consultar con un doctor que esté familiarizado con lo que es la dieta cetogénica, pues es posible que obtenga una respuesta negativa a la dieta keto cuando pudo haber recibido la luz verde.

La dieta cetogénica es excelente para la mayoría de los individuos, pero puede ser peligrosa para personas con porfiria, deficiencia de piruvato carboxilasa o varios desórdenes metabólicos que alteran el funcionamiento correcto del hígado. Estas condiciones son algo raras, así que probablemente usted no tenga que preocuparse por ellas. Existen, sin embargo, otras situaciones específicas que podrían requerir un nivel extra de cuidado al seguir la dieta cetogénica.

Por ejemplo, si usted tiene diabetes tipo 1, debe ser cuidadoso al seguir la dieta cetogénica debido al riesgo de cetoacidosis [11]. La cetoacidosis es un peligroso estado metabólico en el que el cuerpo es incapaz de producir suficiente insulina para normalizar los niveles de azúcar en la sangre. Para los diabéticos tipo 1, los carbohidratos que consumen no tienen la insulina para que se requiera la conversión de glucosa a energía. Por lo tanto, el cuerpo produce cetonas como una fuente suplementaria de energía porque piensa que hay falta de glucosa. En realidad, la glucosa está atascada en el torrente sanguíneo, incapaz de ser utilizada como combustible debido a la ausencia de insulina. Es esta mezcla de altos niveles de azúcar en la sangre y cetonas la que le da la peligrosidad a la cetoacidosis. Debo enfatizar que la cetoacidosis no debe confundirse con la cetosis como solía hacerse antes. La cetoacidosis sólo puede ocurrir si el cuerpo tiene una particular carencia de insulina.

Si no es tratada, la cetoacidosis puede ser fatal, así que es importante monitorear de cerca sus niveles de glucosa y de insulina si usted tiene diabetes tipo 1. Siempre y cuando continúen tomando insulina suplementaria, la dieta cetogénica puede funcionar para diabéticos tipo 1, pero tendrán que ser extra cuidadosos y monitorear dichos niveles.

Además de las personas con diabetes, la dieta cetogénica puede tener ciertas desventajas para otros individuos. Por ejemplo, la cetosis puede tener un impacto negativo para aquellos con problemas en la vesícula biliar, ya que una vesícula biliar con mal funcionamiento no tendría la habilidad de descomponer grasas como debería. La dieta cetogénica estándar tampoco está recomendada para personas que hagan mucho ejercicio de alta intensidad, ya que este tipo de actividad requiere de glucosa fácil y rápida de quemar como combustible. Para estas personas, hay variaciones que pueden hacerse a la dieta cetogénica para adaptarse a sus necesidades específicas.

La dieta cetogénica no está libre de inconvenientes. Hay algunos efectos secundarios transitorios que revisaremos en el siguiente capítulo. Sólo quiero tomar este momento para decir que a pesar de experimentar los algo molestos ajustes, descubrí que valió completamente la pena por los beneficios que ofrece la dieta. Repito: no se supone que esto sea una plática motivacional, pero desde mi punto de vista personal, aunque entrar en cetosis no es precisamente un viaje tranquilo, ¡estos hoyos y topes en el camino eventualmente lo llevarán a niveles mayores de energía y quema de grasa óptima!

CAPÍTULO 3
EL SANTUARIO INTERIOR: CÓMO FUNCIONA LA CETOSIS

Los principios de la dieta cetogénica son bastante sencillos: simplemente estructure su dieta alrededor de las grasas saludables, moderando las proteínas y consumiendo pocos carbohidratos. Los detalles son un poco más complejos, pero en general, no es muy complicado.

Ahora que usted tiene un entendimiento básico de la dieta cetogénica y cómo funciona, está listo para aprender acerca de las diferentes variaciones de la dieta cetogénica. Hay tres:

1. Dieta Cetogénica Estándar (DCE)
2. Dieta Cetogénica Dirigida (DCD)
3. Dieta Cetogénica Cíclica (DCC)

La dieta cetogénica estándar es la más común y las reglas son bastante fáciles de seguir. Simplemente apéguese al mismo consumo mínimo de carbohidratos netos todo el tiempo.

La dieta cetogénica dirigida es un poco más variable porque usted debe ligar su consumo de carbohidratos con su rutina de ejercicios. Está llamada "dirigida" porque sus carbohidratos se vuelven el objetivo de su rutina de ejercicios, consumiendo de 25 a 50 gramos de carbohidratos netos de 30 a 60 minutos antes de ejercitarse. Después del ejercicio, usted debe consumir una comida de recuperación que sea bastante alta en proteínas para facilitar el crecimiento y la reparación del músculo. La DCD es popular entre los atletas y los individuos que se ejercitan mucho porque asegura que tendrán suficiente combustible para el ejercicio, pero también que lo quemarán rápidamente, por lo que no podrá ser almacenado como grasa.

La dieta cetogénica cíclica involucra alternar entre días de alto consumo de carbohidratos y bajo consumo de carbohidratos. En sus días altos en carbohidratos, usted consumirá entre 450 y 600 gramos de carbohidratos por un periodo de 3 a 5 días. En los días normales, usted consumirá alrededor de 50 gramos de carbohidratos netos o menos. Este tipo de dieta cetogénica es popular entre los fisicoculturistas y los atletas que quieren maximizar la pérdida de grasa sin sacrificar masa muscular. La DCC definitivamente no es para alguien que apenas esté empezando con la dieta cetogénica. Si este es su caso, ¡quédese con la versión estándar al principio y coseche los beneficios de la cetosis!

Además de estos tres tipos de dieta cetogénica, hay una cuarta: una dieta cetogénica restringida para uso terapéutico. Esta versión particular está pensada para tratar ciertas condiciones médicas como el cáncer. Cuando usted reduce su ingesta de carbohidratos a un total de entre 20 y 50 gramos por día, su cuerpo quemará todas sus reservas de glucógeno y comenzará a producir cuerpos cetónicos. Usted ya conoce a este proceso llamado cetosis. En un estado de cetosis, las células cancerosas morirán de inanición porque sólo pueden alimentarse de glucosa; las células saludables pueden sobrevivir con los cuerpos cetónicos, así que estas no se verán afectadas.

Combinada con una dieta restrictiva de calorías, las investigaciones sugieren que la dieta cetogénica convierte a su cuerpo en un ambiente inhóspito para las células cancerosas. Otras condiciones para las cuales la dieta cetogénica puede ser benéfica son la epilepsia, las enfermedades neurológicas, la depresión y la migraña.

¿Cuál es la Proporción Óptima de Macronutrientes?

Antes de que comience con la dieta cetogénica, usted debería decidir qué versión de la dieta quiere seguir. Una vez que haya tomado esa decisión, puede comenzar a considerar la proporción de macronutrientes ideal. Su proporción de macronutrientes es simplemente la cantidad de carbohidratos, proteína y grasas que usted consume en relación una con otra. Tomemos la dieta cetogénica estándar como ejemplo: esta dieta recomienda una proporción de macronutrientes de 75% grasas, 20% proteína y 5% carbohidratos.

Dependiendo de sus metas, usted puede escoger conservar esta proporción de macronutrientes estándar o hacer ajustes. Para calcular su rango de macronutrientes personalizado, tendrá que empezar por calcular sus necesidades para cada uno de los tres macronutrientes.

Para los carbohidratos, usted calculará su ingesta neta. Esto simplemente significa que debe tomar el número total de carbohidratos (en gramos) y restar los gramos de fibra. Un buen rango para procurar si apenas está comenzando con la dieta cetogénica es de 20 gramos de carbohidratos netos por día. Una vez que entre en cetosis, usted puede jugar un poco con los números, yendo hasta 30 o 40 gramos de carbohidratos netos por día. Si usted eligió la DCC o la DCD, sin embargo, también deberá tomar en cuenta los carbohidratos adicionales que consumirá dependiendo del ciclo o la rutina de ejercicios que tenga planeada.

Cuando se trata de proteína, sus necesidades dependen de su meta. Si su meta es perder peso preservando masa muscular, debería consumir entre 0.7 y 0.8 gramos de proteína por libra de masa corporal magra. Su masa corporal magra es simplemente su peso corporal total menos el peso de su grasa corporal. Hay herramientas que puede usar para medir su porcentaje de grasa corporal. Puede usar un aparato marca Omron, el cual hace correr una leve corriente eléctrica a través de su cuerpo para determinar su porcentaje de grasa corporal. Como ejemplo, si usted pesa 160 libras y tiene 30% de grasa corporal, eso resultaría en aproximadamente 48 libras de grasa. Para preservar masa muscular, usted debería multiplicar su masa corporal magra (160 - 48 = 112) por 0.7 o 0.8 gramos por un total de hasta 90 gramos de proteína por día. Si usted quiere ganar masa muscular, multiplíquela por 0.8 a 1.2 gramos por libra de masa corporal magra.

Las grasas son el macronutriente más importante en la dieta cetogénica, y usted debería llenar el resto de sus requerimientos energéticos diarios con grasa. Para determinar sus necesidades específicas, deberá comenzar calculando sus requerimientos de energía diarios. Aprenderá más sobre cómo hacer esto en el Capítulo 5.

¿Cuáles son las Mejores Grasas para la Cetosis?

Para este punto, usted ya sabe bien que la dieta cetogénica se trata totalmente de las grasas, pero no todas las grasas son creadas igual. Algunas grasas son buenas para usted y pueden aumentar sus resultados con la dieta cetogénica, mientras que otras son muy poco saludables y deben ser evitadas.

Por muchos años, se le hizo creer a la gente que todas las grasas saturadas son malas. Ahora, sin embargo, la verdad es clara: ¡algunas grasas saturadas, en realidad, son muy buenas para usted! De hecho, algunas de las mejores grasas saturadas funcionan bien como bases para cocinar, así que puede usarlas libremente. Aquí hay algunas de las mejores grasas que puede usar al cocinar platillos para la dieta cetogénica:

- Mantequilla
- Ghee
- Manteca
- Sebo
- Aceite de Coco

Las grasas saturadas tan sólo son grasas que suelen estar en estado sólido a temperatura ambiente. Son las grasas más estables desde un punto de vista químico. La estabilidad es buena para el cuerpo porque mientras más estable sea la grasa, menos probable es que ocurra oxidación. La oxidación en cualquier cosa es mala para nuestros cuerpos. Por ejemplo: piense en una manzana partida a la mitad con la carne expuesta. Después de algunas horas, se volverá café debido a la oxidación. Desde que puedo recordar, las grasas saturadas siempre han sido el chico malo de la ciudad, siendo erróneamente ligadas a enfermedades del corazón. Con los estudios más recientes efectivamente exonerando a las grasas saturadas, debo invitarlo a disfrutarlas sin preocupaciones. Lo sé, todos estos años de condicionantes y de lo que considero educación incorrecta pueden dificultar esto al principio, pero vaya paso a paso. Comience poco a poco y monitoree sus niveles de colesterol si realmente está preocupado. Estoy seguro de que le será muy difícil encontrar a alguien más paranoico que yo cuando se trata de los niveles de colesterol, pues yo estaba teniendo problemas con ellos debido a mi dieta alta en carbohidratos de entonces. Pero con toda mi paranoia, si yo pude zambullirme en las grasas saturadas y salir indemne, ¡no tengo duda de que usted también podrá hacerlo! La mantequilla y el aceite de coco son las grasas para cocinar más fáciles de encontrar, aunque podría encontrar ghee, sebo o manteca en su supermercado local.

El segundo grupo de grasas que deberían ser básicas en su dieta cetogénica son los ácidos grasos monoinsaturados. Encontrados principalmente en el aguacate, la carne de res, las nueces y el aceite de oliva, estos ácidos grasos son muy buenos para el corazón. Las grasas poliinsaturadas, como los ácidos grasos omega-3, también son excelentes para el corazón y la salud en general. Podemos encontrar estas grasas en alimentos como salmón salvaje, carnes de animales alimentados con pasto, aceite de hígado de bacalao, nueces y macadamias. La otra grasa poliinsaturada popular es el ácido omega-6. Es una buena idea procurar una proporción de una parte de omega-3 a cuatro partes de omega-6. Eventualmente, usted debería apuntar hacia una proporción óptima de uno a uno. ¡Al menos ese debería ser el objetivo!

Otro grupo de grasas que debería incluir en su dieta son los triglicéridos de cadena mediana, o los MCT. Este tipo de grasa es digerida muy fácilmente por el cuerpo, lo cual la hace una excelente fuente de energía inmediata. Algunos ejemplos de alimentos que son ricos en MCT son aceite de coco, mantequilla y aceite de palma. Además de usar estas grasas en recetas, usted también puede comprar aceite MCT en forma de suplementos. Elija aquellos con más ácidos caprílicos y también cápricos. Los MCT son excelentes para ese impulso en el nivel de energía y para echar a andar la respuesta cetogénica natural del cuerpo.

Ahora, ¿qué hay de las grasas poco saludables que debería evitar? Es mejor evitar todos los aceites procesados e hidrogenados. Esto incluye a la margarina, el aceite vegetal hidrogenado y otras grasas trans. Usted también debería alejarse de los aceites de girasol, alazor, canola, semilla de algodón, semilla de uva y maíz. La mayoría de las grasas trans que vemos actualmente en el mercado en realidad se originaron de procesos químicos. Es por esto que se conocen como franken-grasas. Existen las grasas trans naturales, pero sus cantidades son tan infinitésimas que en realidad no tenemos que preocuparnos por ellas. El peligro real es con las que son producidas artificialmente. Si usted debe evitar alguna grasa, asegúrese de que las grasas trans sean su objetivo principal.

¿Qué Hay de la Ingesta de Proteína?

Aunque la grasa es la estrella de la dieta cetogénica, la proteína también es importante. No sólo nos ayuda a mantener la masa muscular, sino que también es importante para la pérdida de peso, la salud general y el bienestar. La dieta cetogénica no es de ninguna manera una dieta alta en proteína, pero usted debería obtener alrededor del 20% de sus calorías diarias de la proteína.

Pero ¿por qué la proteína es tan importante para la pérdida de peso?

Existen estudios científicos que demuestran que la proteína ofrece el mayor efecto saciante como un macronutriente, mientras que los carbohidratos tienen el menor. Esto significa que consumir una comida rica en proteínas lo mantendrá sintiéndose lleno por más tiempo que una comida alta en carbohidratos. La proteína también aumenta el rendimiento de la energía debido a un concepto llamado el Efecto Térmico de la Comida (ETC). Esto simplemente se refiere a la cantidad de energía que es necesaria para digerir y metabolizar la proteína, la cual se estima en 20% a 30%. Así que si usted consume 100 calorías de proteína, en realidad sólo absorberá 70 porque toma alrededor de 30 calorías digerirla [12].

Otro beneficio importante de las proteínas para la pérdida de peso es que preservan y mantienen el tejido muscular. Como podrá (o no) saber, los músculos queman más calorías en reposo que la grasa. Esto significa que usted puede impulsar su metabolismo simplemente desarrollando más músculo. Podrán ser solamente 100 calorías por día, ¡pero cada caloría cuenta!

Entonces, ¿cuántas proteínas realmente necesita usted y cómo se determina?

La cantidad de proteína que usted necesita en su dieta diaria será determinada por su peso corporal y su nivel de actividad. Mientras más activo sea, mayores serán sus necesidades de proteína. Como se mencionó en una sección anterior, usted puede calcular sus necesidades de proteína usando su masa corporal magra, o sea, su peso corporal total menos el peso de su grasa. Otros factores como el género y la edad también pueden jugar un papel, pero a menor escala. Usted aprenderá cómo calcular sus requerimientos exactos en el Capítulo 5.

Aunque la proteína es importante para la dieta cetogénica, usted deberá tener cuidado y evitar consumir de más. Si consume demasiada proteína, su cuerpo producirá una hormona llamada glucagón, la cual convertirá a la proteína en glucosa a través de un proceso conocido como gluconeogénesis. Con un bajo consumo de carbohidratos, la gluconeogénesis ayuda a protegerlo de niveles bajos de azúcar en le sangre, pero si consume demasiada proteína, la gluconeogénesis podría bloquear su camino hacia la cetosis.

¿Cuántos Carbohidratos Puede Consumir?

Usted ya ha aprendido acerca de algunos de los efectos negativos de la dieta occidental típica, pero ¿qué tan malo es consumir carbohidratos durante toda la vida?

El principal problema con el consumo excesivo de carbohidratos es que provoca que su nivel de azúcar en la sangre aumente. Si usted constantemente consume muchos carbohidratos, su azúcar sanguínea podría permanecer más alta de lo normal, lo cual puede llevar a todo tipo de daños. Principalmente, puede provocar diabetes tipo 2.

Cuando usted consume alimentos, su cuerpo inmediatamente comienza a trabajar para digerirlos. Las enzimas en su saliva y los ácidos en su estómago descomponen los alimentos en sus componentes básicos, de los cuales el más importantes es la glucosa. Conforme la glucosa llega a su torrente sanguíneo, su páncreas recibe una señal de que debe comenzar a producir una hormona llamada insulina. Mientras aumenta la insulina en su sangre, sus células y tejidos son capaces de absorber la glucosa y utilizarla para obtener energía.

El problema comienza cuando su azúcar sanguínea permanece persistentemente alta. Si usted continúa consumiendo alimentos altos en carbohidratos, su cuerpo tendrá que producir más insulina sólo para lograr el mismo efecto. Con el paso del tiempo, su cuerpo puede volverse menos sensible a la insulina. Esto es conocido como resistencia la insulina y es una de las principales características de la diabetes tipo 2. Pero ¿exactamente qué efectos tienen los niveles altos de azúcar? Aquí hay algunas de las complicaciones asociadas con la hiperglucemia crónica [13]:

- Inflamación que contribuye a enfermedades crónicas
- Riesgo aumentado de infartos y ataques al corazón
- Enfermedad arterial periférica
- Mal desempeño y eventual falla de los riñones
- Daño a los nervios y posible pérdida de sensación
- Enfermedades del ojo como glaucoma y catarata
- Enfermedad periodontal y otros problemas dentales

Además de estos problemas de salud, los altos niveles de azúcar pueden combinarse con otras condiciones tales como presión sanguínea alta, colesterol alto y obesidad para formar lo que se conoce como síndrome metabólico. Tener síndrome metabólico puede o no producir síntomas, pero sí puede aumentar su riesgo de contraer otros serios problemas de salud como diabetes y enfermedades cardiovasculares [14].

Reducir su ingesta de carbohidratos cambiándose a la dieta cetogénica puede ayudarlo a reparar algunos de los problemas provocados por el consumo de carbohidratos a largo plazo. Aún tendrá que comer algunos carbohidratos, como se mencionó anteriormente, pero deberá limitar su ingesta. Cuando apenas esté comenzando con la dieta cetogénica, puede empezar con entre 50 y 60 gramos de carbohidratos netos por día mientras hace la transición. Después puede bajarlos gradualmente hasta 20 a 30 gramos por día. De esta manera podrá asegurar su entrada al estado de cetosis. También puede actuar de manera radical y bajar hasta 20 gramos de carbohidratos netos por día desde el inicio, asegurando que entrará en cetosis. Así es como yo lo hice.

Si usted quiere determinar su límite de carbohidratos individual, tendrá que invertir en algunos aparatos para medir sus niveles. Una vez que determine que su cuerpo está en cetosis, puede comenzar a añadir más carbohidratos netos a su dieta (alrededor de 5 gramos por día).

¿Qué Esperar al Inicio?

Si usted ha investigado acerca de la dieta cetogénica antes, puede ser que esté familiarizado con el término "keto resfriado". Este término simplemente se refiere a la colección de síntomas que podría experimentar conforme su cuerpo haga la transición de quemar carbohidratos a quemar grasas para obtener energía. Algunos de los síntomas más comunes del keto resfriado son los siguientes [15]:

- Niveles bajos de energía
- Niebla mental
- Aumento en el hambre/antojos
- Problemas para dormir
- Náusea o malestar estomacal
- Mal aliento
- Calambres o dolor en las piernas
- Cambios en los hábitos intestinales
- Desbalance de electrolitos
- Dolor de cabeza o migraña

Aunque la transición hacia la cetosis puede estar acompañada de algunos efectos secundarios molestos, usted debe saber que esto puede ocurrir con cualquier dieta. Hacer cambios significativos a su dieta viene con un riesgo de malestar digestivo, baja energía y otros problemas que eventualmente se resolverán. No puedo hacer suficiente énfasis en que a pesar de que estos efectos secundarios son molestos, y en algunos casos bastante irritantes, puedo asegurarle que muchas personas encuentran la solución a todos estos malestares durmiendo lo suficiente y asegurándose de estar hidratados. Volveremos a hablar de estos efectos secundarios más tarde y también mencionaremos soluciones específicas.

Una vez que haya terminado la transición y haya entrado en cetosis, ¡puede esperar cosas increíbles! Además de comenzar a perder peso, entrar en cetosis viene acompañado de un impulso de energía natural, además de motivación renovada para seguir con la dieta. También sentirá menos hambre entre comidas y le será más fácil concentrarse. Sus cambios de humor se estabilizarán y se sentirá más positivo en general.

¿Cómo Sabré si Estoy en Cetosis?

Puede reducir su ingesta de carbohidratos y aumentar su ingesta de grasas y aun así no cosechar los beneficios de la dieta keto. ¿Por qué? Porque su cuerpo necesita estar en un estado de cetosis para que pueda beneficiarse de la dieta. Para determinar si su cuerpo está en cetosis o no, hay tres pruebas que puede hacer:

- Pruebas de aliento
- Pruebas de orina
- Pruebas de sangre

El método más simple es la prueba de aliento. Si su aliento tiene un olor frutal o metálico, puede ser un indicio de cetosis. También puede adquirir analizadores de cetonas en el aliento, pero pueden ser bastante costosos, excediendo los $150 dólares. Este método de prueba es fácil. Sólo tendrá que exhalar normalmente sobre el analizador de 5 a 10 segundos. La idea es expulsar la mayor parte del aire de los pulmones para tener un resultado más preciso. El problema con este método es que a veces los analizadores funcionan mal, además de que no podrá tener una lectura precisa de sus niveles de cetonas como con una prueba de sangre.

Para realizar una prueba de cetonas en la orina, deberá adquirir tiras de prueba. Simplemente sostenga el borde de la tira bajo su flujo de orina, sacuda el exceso de líquido y espere 15 segundos. Si ha entrado en cetosis exitosamente, la tira cambiará de color beige a púrpura. Mientras más profundo sea el púrpura, mayor es el nivel de cetonas en su sangre. Recuerde que más oscuro no necesariamente es mejor. Su nivel de cetosis perfecto será único a usted. Algo acerca de las pruebas de orina es que en algunos días la prueba puede ser positiva, mientras que unos días más tarde las cetonas pueden desaparecer. Hay dos explicaciones para esto. La primera puede ser que el consumo excesivo de carbohidratos lo haya sacado de la cetosis. No hay problema, vuelva a subirse al keto tren y continúe en su viaje de quema de grasa. La segunda es que su cuerpo aún esté en cetosis, pero que las cetonas no estén apareciendo en su orina simplemente porque están siendo utilizadas como combustible en su cuerpo. Si usted nota que aún tiene niveles altos de energía y mejor claridad mental a pesar de no tener cetonas en la orina, ¡lo más probable es que no haya de qué preocuparse!

Aunque una prueba de orina es una manera simple de detectar cetonas, no es tan precisa como una prueba de sangre. Por un lado, su nivel de hidratación puede diluir las cetonas en su orina, provocando un falso negativo. Para llevar a cabo una prueba de sangre, debe pinchar su dedo, untar la sangre en una tira de prueba e insertarla en un monitor de cetonas en la sangre. Considere las opciones y elija el método de prueba que más le convenga.

Yo suelo irme con la prueba de cetonas en la sangre cuando comienzo la dieta keto. Me da lecturas precisas de los niveles de cetonas en mi sangre, y al mismo tiempo, esos números me sirven como motivación y me indican que estoy en el camino correcto. El rango normal de niveles de cetonas en la sangre es entre 0.7 y 3 mmol cuando estamos en cetosis nutricional, el cual es el estado al que todos apuntamos cuando hacemos la dieta cetogénica. Una vez que me keto adapto, lo cual suele tomar de 3 a 6 semanas para mí, cambio al analizador de aliento sólo para estar seguro de que sigo en cetosis. La lógica aquí es que después de que su cuerpo está keto adaptado y sabe cómo quemar grasa para obtener energía, esto se volverá el *status quo* hasta que algo altere el balance. Es por esta razón que usamos el analizador de aliento para confirmar que nuestros cuerpos aún están produciendo cetonas, pero no necesitamos los valores exactos. Esto reduce el costo porque las pruebas de sangre siguen siendo el método más costoso.

Ahora que usted sabe qué esperar conforme avance con la dieta cetogénica, está listo para revisar los detalles. En el siguiente capítulo, hablaremos acerca de los alimentos que puede comer y los que no antes de comenzar con la guía paso a paso.

CAPÍTULO 4

LO LIMPIO, LO SUCIO Y LO ESENCIAL: KETO ALIMENTOS

Al seguir la dieta cetogénica, usted estará consumiendo una mezcla de los tres macronutrientes: proteína, grasa y carbohidratos. Como usted ya sabe, sin embargo, estará consumiendo más de unos que de otros. En cuanto a los alimentos específicos que consumirá, algunos de los grupos principales serán los siguientes:

- Grasas saludables como aceite de oliva, mantequilla, aceite de coco, nueces y semillas
- Carne de animales alimentados con pasto y aves de libre pastoreo
- Huevos de libre pastoreo y productos lácteos enteros
- Pescado y mariscos salvajes
- Vegetales no almidonados y algunas frutas

También puede disfrutar de café y té herbal como bebida, así como de hierbas y especias frescas y secas. Evite los jugos de frutas debido a sus altos contenidos de azúcar y calorías e intente incluir algo de caldo de huesos por sus beneficios probióticos. Puede continuar usando algunos productos comprados en la tienda como condimentos y aderezos para ensalada. Sólo asegúrese de que no contengan mucha azúcar añadida o calorías.

LISTA DE ALIMENTOS PARA LA DIETA CETOGÉNICA

¿Está preguntándose exactamente cuáles alimentos están incluidos en la dieta cetogénica y cuáles no? Aquí hay una lista exhaustiva:

Alimentos que Puede Consumir Libremente (Grasas Saludables y Proteínas)

- Aguacate
- Mantequilla
- Leche de coco
- Aceite de coco
- Mantequilla de cocoa
- Aceitunas
- Aceite de oliva
- Aceite de aguacate
- Aceite de macadamia
- Aceite MCT
- Manteca
- Sebo
- Ghee
- Nueces de macadamia
- Nueces de Brasil
- Nueces pecanas
- Mantequillas de nueces
- Tocino
- Ralladura de coco
- Huevos
- Res

- Cerdo
- Cordero
- Carnes de órganos
- Pollo
- Pavo
- Crustáceos
- Bagre
- Bacalao
- Lenguado
- Salmón
- Hipogloso
- Pez Caballa
- Mahi-Mahi
- Trucha
- Atún

Alimentos para Consumir Moderadamente (Lácteos Enteros, Vegetales no Almidonados, Algunas Frutas)

- Queso
- Crema espesa
- Yogurt
- Crema ácida
- Mayonesa
- Queso cottage
- Queso crema
- Nueces
- Almendras
- Avellanas
- Maní
- Piñones
- Semillas de chía
- Semilla de lino
- Harina de coco
- Harina de almendra
- Coco sin endulzar
- Brócoli
- Coliflor
- Ejotes
- Pimientos
- Champiñones
- Espinaca
- Lechuga
- Kale
- Repollo
- Cebolla
- Ajo
- Frambuesas
- Moras negras
- Moras azules
- Limón
- Lima
- Harinas de nueces

Alimentos que Debe Evitar

- Harina para todo uso
- Mezcla para hornear
- Harina de trigo integral
- Harina para hojaldre
- Harina para pasteles
- Cereal
- Pasta
- Arroz
- Maíz

- Productos horneados
- Jarabe de maíz
- Barritas de cereales
- Barritas en general
- Quinoa
- Alforfón
- Cebada
- Couscous
- Avena
- Muesli
- Margarina
- Aceite de canola
- Aceites hidrogenados
- Manzanas
- Plátanos
- Mangos
- Melón
- Piña
- Papas
- Camotes
- Golosinas
- Chocolate con leche
- Helado
- Bebidas deportivas
- Jugos
- Refrescos o gaseosas
- Cerveza
- Alimentos bajos en grasas
- Alimentos de dieta
- Lácteos bajos en grasa
- Endulzantes artificiales
- Azúcar blanca
- Azúcar morena
- Miel de maple
- Miel
- Agave

Como se mencionó anteriormente, aún puede usar condimentos adquiridos en la tienda como el kétchup, siempre y cuando elija las opciones reducidas en azúcar. La mostaza, mayonesa, salsa de soya y Sriracha están permitidas en cantidades pequeñas porque son vinagretas y aderezos a base de aceite. Puede usar condimento de rábano picante, salsa inglesa y salsa picante con moderación. Las hierbas y especias frescas y secas pueden ser utilizadas de manera ilimitada.

¿QUÉ HAY DEL ALCOHOL Y LOS ENDULZANTES?

Al seguir la dieta cetogénica, usted puede sentirse libre de consumir alimentos altos en grasas, pero eso no significa que pueda atiborrarse de golosinas y dulces, pues estos alimentos son altos en carbohidratos y endulzantes poco saludables. Si necesita endulzar algo, elija un endulzante natural que sea bajo en calorías y en carbohidratos. Algunas de las opciones más populares son las siguientes:

- Eritritol en polvo
- Extracto líquido de estevia
- Fruta del monje

Puede ser que también encuentre jarabes de sabor libres de azúcar para platillos como panqueques, pero tome en cuenta los ingredientes y los endulzantes. Como con cualquier dieta, usted debería moderar su ingesta de endulzantes en la dieta cetogénica. Cuando quiera disfrutar de algún endulzante, elija de la lista de arriba.

Ahora, ¿qué hay del alcohol? Lo mejor es evitar la cerveza porque es alta en carbohidratos. Si usted opta por beber, elija el alcohol (licor fuerte) sobre la cerveza y las bebidas mezcladas. Los mejores licores para elegir son vodka, tequila, gin, whiskey, ron, escocés, brandy y coñac. Disfrute de estos licores en las rocas (con hielo) o con agua tónica. Evite los alcoholes de sabor como el ron de coco y el aguardiente de durazno, así como los mezcladores azucarados como el triple seco, la mezcla ácida, la granadina y la mezcla para margaritas.

Si prefiere vino, tome en cuenta que la cantidad de carbohidratos y calorías variará enormemente de una botella a otra. Para los vinos tintos, las mejores opciones son cabernet sauvignon, pinot noir y merlot. Para vino blanco, escoja pinot grigio, sauvignon blanc, chardonnay o champaña. Sólo manténgase alerta de los vinos muy dulces como moscato, zinfandel y los vinos de postre. También puede disfrutar de cervezas light si caben dentro de su cuenta de carbohidratos diaria. Estas cervezas usualmente tienen entre 2 y 6.5 gramos de carbohidratos netos.

Keto Alimentos Esenciales

Aunque usted ya recibió una lista exhaustiva de alimentos keto amigables, hay ciertos artículos esenciales en los que debería enfocarse. Aquí hay una lista de keto alimentos esenciales para incluir en su dieta:

- Coco
- Mantequilla de coco
- Mantequilla de cacao oscuro
- Aceite de coco
- Agua de coco
- Aguacate
- Aceite de aguacate
- Aceite de oliva extra virgen
- Huevos
- Mantequilla de vacas alimentadas con pasto
- Aceite MCT
- Chocolate oscuro (>90%)

Conforme revise la sección de recetas de este libro, notará que estos son algunos de los alimentos que se mencionan más a menudo. Este grupo de alimentos funciona como una lista de referencia esencial para cuando requiera satisfacer su ingesta diaria de grasas sin pensar demasiado. Las cosas simples como consumir un aguacate o dos en la mañana realmente impulsan la cuota de grasas del día. Recuerde que necesitamos obtener alrededor de 75% de nuestras calorías diarias de las grasas mientras estemos en la dieta keto. Los huevos y la mantequilla son excelentes fuentes de grasas y proteína, mientras que el coco es simplemente el equivalente a la navaja suiza de la lista de alimentos keto. El aceite de coco puede utilizarse para cocinar o para consumo simple. La mantequilla de coco y la ralladura de coco son productos muy útiles que no requieren demasiada preparación. El agua de coco, aunque no es exactamente baja en carbohidratos, es una gran fuente de electrolitos que ayuda a balancear las necesidades de micronutrientes del cuerpo. Sólo asegúrese de no consumir más de una taza pequeña al día, o excederá su límite de carbohidratos. No se preocupe si no ha utilizado estos alimentos antes. ¡He proporcionado instrucciones y usted aprenderá rápidamente!

Capítulo 5

El Viaje Comienza con un Solo Paso: Keto Guía

Para este punto, usted ya debería tener un conocimiento profundo de la dieta cetogénica, incluyendo qué es y cómo funciona. Usted ha recibido una gran cantidad de información y de tips útiles para seguir la dieta, pero ahora viene la parte interesante: hacerlo.

Si usted ha probado otras dietas antes, puede que esté algo escéptico acerca de qué tan fácil es seguir la dieta cetogénica. Cualquier dieta viene con sus desafíos, pero la dieta cetogénica ofrece algunos beneficios que hacen que sea más fácil seguirla:

- Usted no tiene que restringir su ingesta de calorías severamente
- Usted puede consumir muchos alimentos altos en grasas
- Usted no tiene abandonar las carnes rojas y los productos lácteos

Tener la posibilidad de seguir comiendo algunos de sus alimentos favoritos es un gran plus de la dieta cetogénica, además de que lo ayudará a continuar en los tiempos difíciles. Al principio puede ser desafiante reducir los carbohidratos y comenzar a consumir más grasas, pero vale la pena al final. Si usted está listo para comenzar, continúe leyendo para la guía paso a paso.

Fase 1 – Todo Comienza en la Mente

El mayor reto para muchas de las personas que intentan comenzar la dieta keto es deshacerse de la noción de que "las grasas son malas". Es probable que le hayan taladrado en la cabeza la idea de que consumir grasas hace que engordemos, pero eso simplemente no es cierto; al menos, no es tan simple. Comer más calorías de las que quema es lo que hace que engordemos, y el tipo de alimentos que consume en exceso afecta cómo se almacena ese exceso de calorías. Excederse con los carbohidratos puede provocar pérdida de peso tan fácilmente como excederse con las grasas.

Además de olvidar la noción de que las grasas son malas, usted también tiene que examinar su motivación para cambiarse a la dieta cetogénica antes de lanzarse. ¿Usted quiere perder peso? ¿Usted quiere mejorar su salud? ¿Usted quiere prevenir el desarrollo de la prediabetes hacia diabetes completa?

Hay muchas motivaciones para cambiarnos a la dieta cetogénica. Usted debe identificar sus motivaciones y usarlas para continuar cuando el camino se vuelva difícil.

No sólo tiene que entender su propia motivación para hacer el cambio a keto, sino que también debe estar preparado para hablar acerca de su decisión con otras personas. Si sus amigos saben que usted está tratando de perder peso y lo ven devorando un filete de rib eye, probablemente hagan preguntas. Prepárese con conocimiento acerca de la dieta cetogénica, de manera que pueda educar a sus amigos y convertir a los críticos en un sistema de apoyo.

Fase 2 – Antes de Hacer el Keto Cambio

El siguiente paso para cambiar a la dieta cetogénica es hablar con su doctor. Usted ya ha leído algunas de las condiciones que podrían no llevarse bien con la dieta cetogénica, pero aun así debería preguntarle a su doctor si es seguro para usted hacer el cambio. Incluso si usted no tiene ningún problema de salud contraindicado, sería una buena idea preguntar acerca de cualquier medicina que esté tomando, sólo para estar seguro.

Una vez que usted tenga el permiso de su doctor para continuar con la dieta, debe hacer algunos cálculos para determinar su proporción ideal de macronutrientes y su ingesta de calorías ideal.

Comience por calcular su ingesta calórica diaria recomendada con la ayuda de la ecuación Mifflin St. Joer [16]. Así es como funciona:

Hombres = 10 x peso (kg) + 6.25 x altura (cm) – 5 x edad (años) + 5

Mujeres = 10 x peso (kg) + 6.25 x altura (cm) – 5 x edad (años) - 161

Usando esta ecuación apropiada, introduzca sus números de peso, altura y edad para encontrar su Tasa Metabólica Basal (TMB). Su TMB es el número de calorías que su cuerpo quemaría en un día si usted se quedara sentado en el sofá todo el día; es el número mínimo de calorías requeridas para mantener procesos biológicos esenciales.

Una vez que tiene su TMB, usted debe considerar su actividad física para determinar su gasto calórico diario total. Escoja el factor correcto y multiplíquelo por su TMB:

- Sedentario (poco o nada de ejercicio) = TMB x 1.2
- Ligeramente activo (ejercicio ligero 1-3 días/semana) = TMB x 1.375
- Moderadamente activo (ejercicio moderado 3 -5 días/semana) = BMR x 1.55
- Muy activo (ejercicio fuerte 6-7 días/semana) = TMB x 1.725
- Extra activo (ejercicio muy fuerte & trabajo físico o doble entrenamiento físico diario) = TMB x 1.9

Después de hacer los cálculos, usted puede determinar su ingesta calórica ideal. Si está tratando de perder peso, deberá crear un déficit calórico haciendo una resta a su gasto total diario. Se recomienda una reducción del 10% al 20% para pérdida de peso.

Ahora que tiene su ingesta calórica diaria, usted puede descubrir cuál es su proporción de macronutrientes ideal y el número de gramos para cada macronutriente. Para darle un ejemplo de cómo funciona, calculemos las necesidades energéticas totales diarias de una mujer de 150 libras con 45 años de edad, una altura de 5 pies con 5 pulgadas y un nivel de actividad ligero. (1 kg es aproximadamente 2.2 libras, 1 pie es aproximadamente 30 cm). Así se usa la ecuación Mifflin St. Joer para encontrar su TMB:

TMB = (10 x 68) + (6.25 x 165) – (5 x 45) – 161

TMB = 680 + 1,031 – 225 – 161

TMB = 1,325

Ahora, si consideramos un nivel de actividad ligero, multiplicaríamos los 1,325 por 1.375 para un gasto energético diario de 1,821 calorías. Si esta mujer estuviera tratando de perder peso, ella podría considerar una reducción calórica del 15% para una meta de aproximadamente 1,550 calorías diarias. Haciendo referencia a la sección anterior de este libro acerca de las proporciones de macronutrientes, usted ahora puede calcular la ingesta diaria de grasa, proteína y carbohidratos de esta mujer.

Comencemos con la grasa. Si usted recuerda, la ingesta ideal de grasas para la dieta cetogénica estándar es de aproximadamente 75%. Entonces, debe tomar 75% de la ingesta calórica diaria (1,550), lo cual da alrededor de 1,163 calorías de grasa. Tomando en cuenta que cada gramo de grasa contiene 9 calorías, el resultado es 129 gramos de grasa.

Ahora calculemos las proteínas. Si usted toma el 20% del total calórico de cada día, obtendrá 310 calorías. Divida esto entre 4 calorías por gramo, el cual es el número de calorías presentes en cada gramo de proteína, y obtendrá alrededor de 78 gramos de proteína. Finalmente, queda un 5% de carbohidratos, o alrededor de 78 calorías. Divídalo entre 4 calorías por gramo, la cual también resulta ser la cantidad presente en cada gramo de carbohidrato, y obtendrá alrededor de 20 gramos de carbohidrato. ¡Es así de fácil!

Ahora que usted tiene un ejemplo, puede aplicar estas fórmulas para determinar su propio TMB, su gasto total diario y su meta calórica diaria. Después, simplemente aplique la proporción de macronutrientes de 75/20/5 para descubrir cuántos gramos de grasa, proteína y carbohidratos debe consumir cada día. Entonces puede usar estos números para crear sus propios planes de alimentación que llevarán a su cuerpo a la cetosis en cuestión de semanas.

Si necesita algo de ayuda para comenzar, se alegrará al saber que he incluido un plan de alimentación de 21 días con recetas en este libro. Está basado en una meta calórica diaria de 2,000 calorías, así que probablemente tenga que hacer algunos ajustes dependiendo de sus cálculos.

Con sus cálculos completos, usted está listo para comenzar con la dieta cetogénica. Antes de que lo haga, sin embargo, hay algo de información básica que puede ayudarlo. Por ejemplo: deberá saber cómo leer el etiquetado de los alimentos para determinar el contenido de grasas, proteínas y carbohidratos netos de ciertos productos. La parte del etiquetado que debe leer es la de información nutricional. Verá enlistado el número de calorías por porción, además del número de calorías provenientes de la grasa. También encontrará los gramos de grasa, carbohidratos, proteína y fibra por porción. Para calcular los carbohidratos netos, simplemente reste el contenido de fibra del contenido de carbohidratos. Algo que puede ser de ayuda es escribir sus requerimientos de macronutrientes personales en algún lugar donde pueda tenerlos a la mano. Conforme comience, esto puede servirle como un buen recordatorio de sus límites diarios. La parte complicada suele ser limitar los carbohidratos mientras tratamos de asegurarnos de alcanzar nuestra meta de grasas.

¡Ahora usted está listo para dar el primer paso hacia el cambio a la dieta cetogénica!

Fase 3: Conseguir los Alimentos

Con todo el trabajo previo finalizado, su siguiente paso es limpiar su refrigerador y su alacena de alimentos no cetogénicos. Dependiendo de sus hábitos dietéticos actuales, puede ser que termine con una cocina vacía. Sin embargo, no debe preocuparse. El plan de alimentación que seguirá por las próximas tres semanas viene acompañado de una lista de compras. ¡Así podrá comprar todo lo que va a necesitar!

¿Se pregunta qué puede hacer con toda esa comida que no consumirá?

Si es posible, intente no desperdiciarla. Pregunte a sus amigos y a su familia si algunos de estos productos les serían útiles, especialmente los alimentos frescos y congelados. En cuanto a los no perecederos, considere donarlos a un banco de alimentos local o a un refugio. Si tiene algunos productos moderados en carbohidratos, puede conservarlos para los días en los que se ejercite, pero sí debe planear deshacerse de la mayoría de sus alimentos altos en carbohidratos.

Además de vaciar su alacena, es una buena idea echar un vistazo a las herramientas de cocina que tiene y considerar si necesita comprar algunas nuevas. Si tiene un procesador de alimentos o una licuadora, será capaz de preparar la mayoría de las recetas de este libro sin problemas. También necesitará una olla de cocción lenta, pero hay muchas que son relativamente baratas. Algunas herramientas de cocina opcionales son las licuadoras de mano (también conocidas como licuadoras de inmersión) y las batidoras de mano o fijas.

Plan de Alimentación de 21 Días para Alcanzar La Cetosis

¡Felicitaciones! Finalmente ha llegado a la parte emocionante: el plan de alimentación de 21 días. Su dieta entera para las siguientes tres semanas se desglosa en términos simples, además de que incluye recetas fáciles y rápidas. Todo lo que debe hacer es usar las listas de compras para abastecerse de ingredientes al inicio de cada semana, y posteriormente, seguir el plan de alimentación.

Si usted echa un vistazo rápido al plan de alimentación, notará que cada día incluye tres comidas más un bocadillo, un postre o una bebida para disfrutar a su discreción. También verá que cada receta enlista las calorías y los macronutrientes y que cada día tiene un total. Recuerde, el plan de alimentación está basado en una ingesta diaria de 2,000 calorías (agregue o quite 100 calorías) y una proporción de macronutrientes de entre 70% y 80% de grasas, entre 10% y 20% de proteína y entre 5% y 10% de carbohidratos.

Sin más preámbulo, ¡aquí están tres planes de alimentación de siete días para comenzar!

(Sólo un amable recordatorio: continúe leyendo hacia abajo si lo que ve es un espacio en blanco)

Plan de Alimentación: Semana 1					
Día	**Desayuno**	**Almuerzo**	**Cena**	**Bocadillo/Postre**	**Calorías/Macros**
1	Bizcochos con Gravy y 1 Taza de Aguacate	Chowder Cremoso de Pescado	Salmón Sellado con Kale Salteado	Huevos a la Diabla con Guacamole & Pudín de Coco y Chía	Calorías: 1,970 Grasa: 156 g Proteína: 102.5 g Carbohidratos Netos: 29.5 g
2	Huevos Revueltos a la Mexicana con ½ Aguacate Mediano	Sobrante de Chowder Cremoso de Pescado	Lomo de Cerdo al Romero con Manzana	Sobrante de Huevos a la Diabla con Guacamole & Batido de Plátano y Lima	Calorías: 2,035 Grasa: 157.5 g Proteína: 118.5 g Carbohidratos Netos: 28 g
3	Sobrante de Bizcochos con Gravy y 2 Rebanadas Gruesas de Tocino	Ensalada Caliente de Calabacín y Nuez	Sobrante de Lomo de Cerdo al Romero con Manzana	Almendras con Especia de Curry & Barritas de Almendra con Canela	Calorías: 1,995 Grasa: 166 g Proteína: 106.5 g Carbohidratos Netos: 21 g
4	Quiches de Espinaca Envueltos en Tocino con 4 Rebanadas Gruesas de Tocino	Sándwich BLT	Curry de Pollo con Coco	Sobrante de Almendras con Especia de Curry & Barritas de Almendra con Canela	Calorías: 1,995 Grasa: 162 g Proteína: 109.5 g Carbohidratos Netos: 27.5 g
5	Sobrante de Quiches de Espinaca Envueltos en Tocino con 1 Taza de Aguacate	Ensalada de Espinacas y Carne	Cacerola de Brócoli y Cheddar con Cordero	Bocadillos de Mantequilla de Maní con Chía & Bombas de Grasa de Chocolate Blanco y Vainilla	Calorías: 1,920 Grasa: 144.5 g Proteína: 114.5 g Carbohidratos Netos: 24 g
6	Pizza de Sartén de Desayuno	Sobrante de Sándwich BLT con ½ Aguacate Mediano	Pollo Sellado al Romero y Limón	Dip de Salchicha con Queso & Pan de Canela Dulce	Calorías: 2,030 Grasa: 152 g Proteína: 121.5 g Carbohidratos Netos: 31 g
7	Picadillo de Tocino y Calabacín con ½ Aguacate Mediano	Hamburguesas Rellenas de Cheddar	Sobrante de Cacerola de Brócoli y Cheddar con Cordero	"Frituras" de Kale con Sal & Sobrante de Pan de Canela Dulce	Calorías: 1,960 Grasa: 151.5 g Proteína: 114 g Carbohidratos Netos: 25.5 g

Plan de Alimentación: Semana 2					
Día	**Desayuno**	**Almuerzo**	**Cena**	**Bocadillo/Postre**	**Calorías/Macros**
8	Envueltos de Desayuno	Ensalada de Huevo Fácil con 1 Taza de Aguacate	Barcos de Calabacín Rellenos de Cerdo	Pan Rápido de Tocino con Jalapeño & Batido de Fresa y Limón	Calorías: 1,980 Grasa: 157.5 g Proteína: 102.5 g Carbohidratos Netos: 27.5 g
9	Omelet de Cheddar y Salchicha	Sopa Cremosa de Coliflor	Cacerola de Pez Blanco con Brócoli	Sobrante de Pan Rápido de Tocino con Jalapeño & Brownies de Coco	Calorías: 1,940 Grasa: 152.5 g Proteína: 105.5 g Carbohidratos Netos: 29 g
10	Sobrante de Envueltos de Desayuno	Sobrante de Sopa Cremosa de Coliflor con ½ Aguacate Mediano	Sobrante de Cacerola de Pez Blanco con Brócoli	Galletas de Almendra con Sésamo & Batido Proteínico de Mora Azul	Calorías: 1,950 Grasa: 149 g Proteína: 113 g Carbohidratos Netos: 31 g
11	Pudín de Chocolate Mocha con Chía y ½ Aguacate Mediano	Cacerola de Pizza con Carne	Filete de Rib Eye con Ejotes y ½ Aguacate Mediano	Dip de Coliflor con Queso & Sobrante de Brownies de Coco	Calorías: 2,020 Grasa: 163.5 g Proteína: 99.5 g Carbohidratos Netos: 26.5 g
12	Panqueques de Chocolate y Coco con ½ Aguacate Mediano	Pay de Espinaca y Queso de Cabra	Sobrante de Filete de Rib eye con Ejotes	Sobrante de Dip de Coliflor con Queso & Batido de Mantequilla de Almendra con Vainilla	Calorías: 1,975 Grasa: 154 g Proteína: 96 g Carbohidratos Netos: 27.5 g
13	Sobrante de Panqueques de Chocolate y Coco	Tazón de Rollo de Huevo con Cerdo	Chuletas de Cordero con Mantequilla a las Hierbas	Bombas de Grasa en Forma de Paletas de Crema & Helado de Limón y Amapola	Calorías: 1,925 Grasa: 152.5 g Proteína: 98 g Carbohidratos Netos: 25.5 g
14	Tazón de Batido de Frambuesa y Nuez con ½ Taza de Aguacate	Ensalada de Jamón y Pavo	Chicken Bake Enchilado	Huevos a la Diabla con Tocino & Batido Cremoso de Aguacate	Calorías: 1,995 Grasa: 157.5 g Proteína: 103.5 g Carbohidratos Netos: 30 g

Plan de Alimentación: Semana 3					
Día	**Desayuno**	**Almuerzo**	**Cena**	**Bocadillo/Postre**	**Calorías/Macros**
15	Sartén de Huevo con Chorizo con ½ Aguacate Mediano	Ensalada de Hamburguesa Abundante	Hipogloso con Costra de Parmesano	Semillas de Calabaza Tostadas & Batido Proteínico de Chocolate	Calorías: 1,950 Grasa: 157 g Proteína: 106 g Carbohidratos Netos: 24 g
16	Waffles de Chocochip	Pasteles de Pez Blanco Fritos con ½ Aguacate Mediano	Strogonoff de Res y Champiñones	Sobrante de Semillas de Calabaza Tostadas & Galletas de Mantequilla de Almendra	Calorías: 1,980 Grasa: 150.5 g Proteína: 114.5 g Carbohidratos Netos: 29.5 g
17	Sobrante de Sartén de Huevo con Chorizo con ½ Taza de Aguacate	Sobrante de Pasteles de Pez Blanco Fritos	Sobrante de Strogonoff de Res y Champiñones	Cuadritos de Macadamia y Mora Azul & Batido de Cereza y Coco	Calorías: 1,990 Grasa: 165 g Proteína: 92 g Carbohidratos Netos: 33 g
18	Batido de Desayuno de Mantequilla de Maní	Estofado de Repollo con Res	Chuletas de Cerdo Asadas al Pesto	Bocadillos de Chía y Coco & Sobrante de Galletas de Mantequilla de Almendra	Calorías: 2,000 Grasa: 157 g Proteína: 113 g Carbohidratos Netos: 24 g
19	Muffins de Huevo con Cheddar y Salchicha con ½ Taza de Aguacate	Pizza de Sartén con Peperoni	Albóndigas Rellenas Envueltas en Tocino	Sobrante de Bocadillos de Chía y Coco & Batido de Súper Vegetales de Hoja Verde	Calorías: 1,985 Grasa: 156.6 g Proteína: 110.5 g Carbohidratos Netos: 24.5 g
20	Sobrante de Muffins de Huevo con Cheddar y Salchicha	Cacerola Rápida de Roast Beef con 1 Taza de Aguacate	Arroz Frito de Coliflor con Res	Bombas de Grasa de Cocoa-Chocolate & Sobrante de Galletas de Mantequilla de Almendra	Calorías: 1,915 Grasa: 154.5 g Proteína: 96.5 g Carbohidratos Netos: 27 g
21	Omelet con Tocino y Pimientos con ½ Aguacate Mediano	Sobrante de Pizza de Sartén con Peperoni	Sobrante de Albóndigas Rellenas Envueltas en Tocino	Sobrante de Cuadritos de Macadamia y Mora Azul & Batido de Pepino y Aguacate	Calorías: 1,980 Grasa: 155.5 g Proteína: 103 g Carbohidratos Netos: 26.5 g

Cómo Crear su Propio Plan de Alimentación

Si usted prefiere elegir sus propias recetas, o si ha completado el plan de alimentación de 21 días, puede crear su propio plan de alimentación. En realidad, es bastante sencillo.

Comience revisando colecciones de recetas cetogénicas para encontrar platillos que le interesen. Haga un compilado de recetas para desayuno, almuerzo y cena, además de guarniciones, bocadillos y postres. Si las calorías no están calculadas para cada platillo, busque una calculadora de recetas en línea e introduzca los ingredientes. Después anote las calorías y los macros en una hoja de cálculo que pueda usar como referencia cuando esté armando el plan de alimentación.

Una vez que tenga todas sus recetas, comience a mezclarlas y a hacer cuentas para encontrar combinaciones que estén dentro de sus requerimientos calóricos y de macronutrientes. Asegúrese de poner atención a los ingredientes de cada receta para que pueda encontrar recetas con ingredientes en común. No olvide considerar los tamaños de las porciones también. Puede tomar algo de tiempo al principio, pero eventualmente lo dominará y se volverá un maestro de la creación de planes de alimentación personalizados.

Tips para Comidas Rápidas y para Comer Fuera de Casa

La clave para el éxito en cualquier dieta es seguirla. Desafortunadamente, esta es la vida y a veces hay imprevistos, incluso en nuestros planes más minuciosos. Puede haber algunos días en los que usted simplemente no pueda seguir el plan de alimentación. Por ejemplo, si usted está viajando y no tiene tiempo para cocinar, o si va a cenar a algún restaurante con sus amigos.

Para los momentos esporádicos en los que no pueda cocinar alguna de sus comidas y necesite algo rápido para salir del apuro, aquí hay algunas ideas fáciles y rápidas:

- Café a prueba de balas (mezcle 20g de mantequilla y 10g de aceite MCT en 1 taza de café negro)
- Coma algunas cucharadas de mantequilla de maní directo del tarro o úntelo sobre algo de apio
- Agregue un poco de aceite de coco a su café o té para un impulso de grasa matutino
- Licúe semillas de chía con agua o leche de almendra y una pizca de endulzante
- Coma algunos cuadros de chocolate oscuro o de queso
- Mezcle un par de aguacates y un par de huevos duros con sal de mar

Si usted irá a cenar a un restaurante y necesita algunos tips para seguir con su dieta, aquí hay algunas soluciones simples:

- Busque el menú con anticipación y planee lo que ordenará
- Evite la pasta y los platillos con arroz, así como los alimentos fritos o empanizados

- Elija los platillos sencillos con proteína y vegetales, como filete con verduras al vapor
- Para las ensaladas, opte simplemente por vinagre y aceite en lugar de aderezos azucarados
- Pida una hamburguesa sin pan y cárguela de aguacate, queso y tocino
- Para el postre, ordene moras con crema batida o un plato de quesos

Mientras más tiempo siga la dieta cetogénica, más experiencia obtendrá en identificar los alimentos keto amigables. Tomará algo de práctica, ¡pero lo dominará pronto!

FASE 4: CÓMO SOLUCIONAR PROBLEMAS Y LIDIAR CON LOS EFECTOS SECUNDARIOS

Mientras comienza con el plan de alimentación de 21 días que se proporciona, puede ser que se tope con algunos obstáculos en el camino. Si usted ha estado haciéndose pruebas de cetonas y aún no ve el número que desea, debe analizar cuán de cerca está siguiendo el plan de alimentación y buscar carbohidratos y azúcares ocultos.

Comience por preguntarse con honestidad si está siguiendo de cerca el plan de alimentación. ¿Usted realmente está siguiendo las recetas y las sugerencias de porciones, o está haciendo sustituciones y comiendo más de lo recomendado? Si este no es el problema, eche un vistazo a los ingredientes que está utilizando. ¿Usted está dependiendo demasiado de los condimentos azucarados o altos en carbohidratos como el kétchup o los aderezos para ensaladas? Si es el caso, debería minimizar el uso de estos u optar por alternativas reducidas en azúcar o bajas en carbohidratos.

Otro lugar en el que puede buscar para encontrar problemas es en su ingesta de proteínas. El plan de alimentación de 21 días está diseñado para mantenerlo dentro de la proporción de macronutrientes ideal de 75/20/5. Si se está saliendo del plan de alimentación y comiendo más proteína de la recomendada, este podría ser el obstáculo que le impide llegar a la cetosis. También puede ser que usted no esté consumiendo suficientes grasas, así que sería una buena idea revisar esto. ¿Recuerda que hablamos anteriormente de los productos básicos de la dieta cetogénica? Es aquí donde se vuelven útiles. Me vienen a la mente las siguientes fuentes de grasa que podemos agregar a nuestros alimentos: aceite de oliva extra virgen y la vieja confiable mantequilla (de ser posible, que venga de vacas alimentadas con pasto), ¡pero la margarina jamás! La margarina es una gran fuente de grasas trans, las cuales son muy malas para el cuerpo. El aceite de coco y el aceite MCT son excelentes para consumir solos o para agregar al café o al té. Si el sabor tipo nuez del aceite de coco es demasiado para usted, reemplácelo con aceite MCT. Si su cuenta de grasa aún se queda corta, tómese la libertad de consumir tanto chocolate oscuro como sea necesario para alcanzar su meta, pero asegúrese de que sea más de 90% oscuro. Cualquier chocolate con un porcentaje menor lo pone en riesgo de sobrecargarse de carbohidratos debido al azúcar y a los lácteos que puede contener. En lo personal, yo siempre elijo la variedad de 99%.

Además de atender problemas con su dieta cetogénica, usted también debería estar en búsqueda de ciertos efectos secundarios. Como se mencionó anteriormente, los potenciales efectos secundarios de hacer el cambio a la dieta cetogénica incluyen los siguientes:

- Niveles bajos de energía
- Niebla mental o confusión
- Aumento en el hambre/antojos
- Problemas para dormir
- Náusea o malestar estomacal
- Mal aliento
- Calambres o dolor en las piernas
- Cambios en los hábitos intestinales
- Desbalance de electrolitos
- Dolor de cabeza o migraña

Si usted está siguiendo el plan de alimentación, debería lograr la transición y alcanzar la cetosis completa en una o dos semanas. En ese punto, sus síntomas deberían disminuir y probablemente comience a sentirse mejor que nunca. Mientras tanto, algunas cosas que puede hacer para mitigar los efectos secundarios son reducir los carbohidratos lentamente, beber mucha agua, tomar un suplemento multivitamínico para obtener más micronutrientes y dormir lo suficiente. Echemos un vistazo a cada efecto secundario. Compartiré con usted la mejor manera de lidiar con ellos sobre la marcha.

Los niveles de energía se reducen debido a la transición de quemar carbohidratos a grasas. Hay un periodo en el que pueden volverse prominentes la niebla mental, los ataques de hambre y los antojos. Esto se debe a que su cuerpo aún no se ajusta a quemar grasas mientras que simplemente no puede encontrar suficientes carbohidratos para obtener energía. La mejor manera de lidiar con estos síntomas es descansando. Dele a su cuerpo el respiro que necesita y no lo fuerce a trabajar de más durante este periodo de baja energía. Para las personas que no pueden darse el lujo de quedarse en casa mientras el cuerpo se ajusta, tomar pequeñas siestas en el trabajo puede ayudar. Beber más agua durante este periodo también ayuda, pues reduce la fatiga y los ataques de hambre. Intente dar algunos mordiscos a un poco de queso o de mantequilla si tiene mucha hambre.

También puede haber malestar estomacal y cambios en los hábitos intestinales durante la fase de transición. Esto se debe principalmente al abandono de carbohidratos. Durante este tiempo, consumir probióticos esporádicamente puede ser una buena idea, mientras que la solución a la constipación se encuentra en la hidratación óptima. En este caso, es una buena idea beber agua de coco diariamente.

El agua de coco ayuda a balancear los electrolitos y a aliviar esos molestos calambres musculares. ¡Sólo recuerde resistir las ganas de beber más de una taza pequeña por día! Agregar una cucharadita de sal a un vaso de agua también puede aliviar los calambres. Algunas personas también pueden experimentar alteraciones en los hábitos de sueño y migrañas. Durante la fase de transición, usualmente se pierde peso de agua primero. Esta es parte de la razón por la cual algunas personas pueden despertarse a la mitad de la noche para orinar, alterando su sueño. Esto no debe ser una razón para dejar de hidratarse. Este problema en particular no tiene solución y debe soportarse, aunque desaparece en un par de días. Los dolores de cabeza provocados por la reducción de carbohidratos pueden ser aliviados tomando cantidades moderadas de té caliente. El descanso también es una fuente de alivio, aunque sé que puede ser difícil descansar mientras balanceamos al trabajo y la familia.

Finalmente, para el mal aliento, intente cepillarse los dientes después de cada comida y hacer gárgaras con enjuague bucal. Esto no soluciona la raíz del problema; de hecho, tener mal aliento keto inspirado es una señal de que usted está en camino hacia la cetosis, pero el cepillado y el enjuague sí reducen el olor desagradable y mejoran la situación para aquellos que están alrededor de usted. Masticar hojas de menta también ayuda, pero evite los dulces o el chicle con sabor a menta. Recuerde: lea las etiquetas aún más cuidadosamente cuando alguna golosina afirme ser libre de azúcar. Si ve que el contenido de carbohidratos es lo suficientemente alto para alcanzar su límite diario, es mejor evitarla.

Capítulo 6

Ooh, ¡Delicioso! Fáciles Keto Recetas Altas en Grasa

Ahora que usted ha repasado el plan de alimentación de 21 días, ¡está listo para comenzar! En esta sección encontrará una colección de más de 80 recetas keto amigables que podrá disfrutar durante las siguientes tres semanas. Estas recetas son fáciles de preparar y están llenas de sabor, ¡así que no le será difícil seguir las indicaciones de la dieta!

Mientras comienza, usted puede darse cuenta de que no todas las recetas incluidas en este libro están incluidas en el plan de alimentación. Para evitar que usted tenga que preparar cuatro recetas únicas cada día, el plan de alimentación hace uso de sobrantes. Las recetas adicionales están disponibles si usted quiere cocinar más seguido o si quiere reemplazar alguna de las recetas del plan de alimentación. Sólo asegúrese de que las calorías y los macros vayan de acuerdo con sus metas personales.

Recetas para el Desayuno:

- Bombas de Grasa de Cocoa-Chocolate
- "Frituras" de Pizza de Peperoni

Postres y Bebidas:

- Pudín de Coco y Chía
- Batido de Plátano y Lima
- Barritas de Almendra con Canela
- Batido de Mantequilla de Almendra con Vainilla
- Pan de Canela Dulce
- Batido Proteínico de Chocolate
- Helado de Limón y Amapola
- Batido de Fresa y Limón
- Bombas de Grasa de Chocolate Blanco y Vainilla
- Batido Cremoso de Aguacate
- Galletas de Mantequilla de Almendra
- Batido Proteínico de Mora Azul
- Brownies de Coco
- Batido de Cereza y Coco
- Bombas de Pastel de Queso con Fresa
- Batido Verde de Chocolate
- Galletas de Jengibre
- Batido de Kale y Jengibre
- Bombas de Grasa de Chocolate y Mantequilla de Maní
- Batido de Súper Vegetales de Hoja Verde
- Batido de Pepino y Aguacate

Recetas para el Desayuno

Bizcochos con Gravy

Porciones: 2

Tamaño por Porción: alrededor de ½ receta

Tiempo de Preparación: 15 minutos

Tiempo para Cocinar: 25 minutos

Ingredientes:

- ¼ taza de harina de almendra
- ½ cucharadita de levadura
- ¼ cucharadita de sal
- 1 clara de huevo grande
- 6 onzas de salchicha de desayuno, triturada
- ¼ taza de caldo de pollo
- ¼ taza de queso crema
- Sal y pimienta al gusto

Instrucciones:

1. Precaliente el horno a 400°F y cubra una bandeja para hornear con papel para cocinar
2. En un recipiente hondo, mezcle la harina de almendra, la levadura y la sal
3. En un recipiente aparte, bata la clara de huevo hasta que se formen picos duros
4. Corte la mantequilla sobre los ingredientes secos para formar una mezcla grumosa
5. Sirva la mezcla grumosa sobre la clara de huevo para formar una masa
6. Divida la masa en 2 gotas para 2 bizcochos en la bandeja cubierta con papel para cocinar
7. Hornee de 11 a 15 minutos hasta que los bizcochos estén dorados, luego deje enfriar
8. Caliente la salchicha en un sartén a fuego medio-alto

9. Cocine la salchicha hasta que quede dorada, luego agregue el caldo de pollo y el queso de crema y revuelva

10. Deje hervir a fuego lento hasta que espese, luego sazone con sal y pimienta

11. Sirva los bizcochos calientes con gravy encima

Nutrición: 425 calorías, 36g grasa, 22g proteína, 2g carbohidratos netos

Recetas para el Desayuno

Huevos Revueltos a la Mexicana

Porciones: 1

Tamaño por Porción: 1 receta

Tiempo de Preparación: 5 minutos

Tiempo para Cocinar: 10 minutos

Ingredientes:

- 2 cucharaditas de aceite de coco
- 1 jitomate chico, en cubitos
- 1 cebollino, en rebanadas delgadas
- 1 cucharada de jalapeño picado
- 1 diente de ajo, picado
- 3 huevos grandes
- 1 cucharada de crema espesa
- 1 onza de queso mexicano rallado
- Sal y pimienta al gusto

Instrucciones:

1. Caliente el aceite en un sartén a fuego medio, luego agregue el jitomate, el cebollino, el jalapeño y el ajo

2. Saltee por 3 minutos o hasta que los vegetales queden blandos

3. Bata los huevos junto con la crema espesa, el queso, la sal y la pimienta en un recipiente

4. Vierta la mezcla en el sartén y revuelva los huevos al gusto

Nutrición: 470 calorías, 39g grasa, 26.5g proteína, 6g carbohidratos netos

RECETAS PARA EL DESAYUNO

Quiches de Espinaca Envueltos en Tocino

Porciones: 3

Tamaño por Porción: 1 quiche

Tiempo de Preparación: 15 minutos

Tiempo para Cocinar: 20 minutos

Ingredientes:

- 3 rebanadas de tocino
- 1 cucharada de mantequilla
- 1 cebolla amarilla mediana, en cubitos
- 2 tazas de espinaca baby fresca
- 5 huevos grandes
- 2 onzas de queso cheddar rallado
- Sal y pimienta al gusto

Instrucciones:

1. Precaliente el horno a 350°F y engrase tres refractarios de 4 pulgadas
2. Cubra las orillas y el fondo de cada refractario con rebanadas de tocino
3. Caliente la mantequilla en un sartén a fuego medio-alto y saltee la cebolla hasta que quede dorada
4. Agregue las espinacas, mezcle y cocine de 1 a 2 minutos hasta que se marchiten, luego divida entre los tres refractarios
5. Bata los huevos junto con la sal y la pimienta, luego vierta en los refractarios

6. Hornee por 20 minutos hasta que la parte superior de cada quiche quede dorada

Nutrición: 300 calorías, 22.5g grasa, 20g proteína, 4g carbohidratos netos

Recetas para el Desayuno

Pizza de Sartén de Desayuno

Porciones: 4

Tamaño por Porción: alrededor de ¼ de receta

Tiempo de Preparación: 15 minutos

Tiempo para Cocinar: 25 minutos

Ingredientes:

- 6 onzas de salchicha molida
- 1 pimiento rojo mediano, picado
- 1 cebolla amarilla mediana, picada
- 6 huevos grandes
- ¼ taza de crema espesa
- Sal y pimienta al gusto

Instrucciones:

1. Precaliente el horno a 350°F
2. Caliente la salchicha en un sartén hasta que quede dorada, de 5 a 6 minutos
3. Agregue el pimiento y la cebolla y cocine por 4 minutos o hasta que queden blandos
4. Coloque la mezcla en un recipiente y recaliente el sartén
5. Bata los huevos, la crema espesa, la sal y la pimienta en un recipiente, luego vierta la mezcla sobre el sartén
6. Cocine de 3 a 4 minutos hasta que el huevo comience a cocinarse en el fondo
7. Transfiera el sartén al horno y hornee por 20 minutos o hasta que el huevo quede dorado

8. Agregue la salchicha y los vegetales encima y espolvoree con queso
9. Coloque bajo el asador de 3 a 4 minutos hasta que el queso se derrita y quede dorado
10. Deje enfriar la pizza por 5 minutos, luego rebane y sirva

Nutrición: 595 calorías, 45g grasa, 37g proteína, 9g carbohidratos netos

Recetas para el Desayuno

Picadillo de Tocino y Calabacín

Porciones: 1

Tamaño por Porción: 1 receta

Tiempo de Preparación: 10 minutos

Tiempo para Cocinar: 20 minutos

Ingredientes:

- 1 cucharada de aceite de coco
- 1 cebolla amarilla chica, picada
- 1 diente de ajo, picado
- 2 rebanadas de tocino, picado
- 1 calabacín chico, en cubitos
- 2 huevos grandes
- Sal y pimienta al gusto

Instrucciones:

1. Caliente el aceite en un sartén a fuego medio y agregue la cebolla y el ajo
2. Cocine por 3 minutos, revolviendo constantemente, luego agregue el tocino picado y mezcle
3. Deje cocinar hasta que el tocino quede crujiente, luego agregue el calabacín y mezcle
4. Saltee la mezcla por 12 minutos, luego empújela a los bordes del sartén
5. Rompa los huevos en el centro y sazone con sal y pimienta

6. Cocine los huevos a su preferencia y sírvalos sobre el picadillo

Nutrición: 415 calorías, 32g grasa, 22g proteína 9.5g carbohidratos netos

Recetas para el Desayuno

Envueltos de Desayuno

Porciones: 2

Tamaño por Porción: ½ envuelto

Tiempo de Preparación: 15 minutos

Tiempo para Cocinar: 25 minutos

Ingredientes:

- 3 onzas de queso mozzarella rallado
- 1 cucharada de mantequilla
- 3 huevos grandes, batidos
- 4 rebanadas de tocino, picado
- 1 onza de queso cheddar rallado
- ¼ taza de harina de almendra

Instrucciones:

1. Precaliente el horno a 400°F y cubra una bandeja para hornear con papel para cocinar
2. En un recipiente para microondas, derrita el mozzarella en el microondas, luego agregue la harina de almendra y mezcle
3. Coloque la masa en una hoja de papel para cocinar, coloque otra pieza encima y aplánela
4. Caliente la mantequilla en un sartén a fuego medio-alto
5. Agregue los huevos y revuelva hasta que se cocinen a su preferencia, luego distribúyalos sobre la masa
6. Coloque tocino picado y queso cheddar rallado encima
7. Doble la masa, selle los bordes y haga algunos cortes para ventilación

8. Hornee por 20 minutos hasta que quede dorado. Deje enfriar antes de servir

Nutrición: 440 calorías, 33.5g grasa, 32g proteína, 2.5g carbohidratos netos

Recetas para el Desayuno

Panqueques de Chocolate y Coco

Porciones: 1

Tamaño por Porción: 1 receta

Tiempo de Preparación: 10 minutos

Tiempo para Cocinar: 10 minutos

Ingredientes:

- 2 huevos grandes, batidos
- 1 cucharada de mantequilla, derretida
- 2 cucharadas de harina de coco
- 1 cucharada de proteína de suero en polvo sabor chocolate
- ¼ cucharadita de bicarbonato
- 1 pizca de sal
- 1 cucharada de aceite de coco

Instrucciones:

1. Caliente un sartén a fuego medio
2. Bata los huevos y la mantequilla derretida en un recipiente
3. Agregue la harina de coco, la proteína en polvo, el bicarbonato y la sal y mezcle
4. Derrita el aceite de coco en el sartén, luego sirva la masa en tres círculos
5. Cocine hasta que se formen burbujas en la superficie de la masa
6. Voltee los panqueques y cocínelos hasta que queden dorados por ambos lados. Sirva con eritritol en polvo

Nutrición: 535 calorías, 40g grasa, 27g proteína, 8.5g carbohidratos netos

Recetas para el Desayuno

Omelet de Cheddar y Salchicha

Porciones: 1

Tamaño por Porción: 1 omelet

Tiempo de Preparación: 5 minutos

Tiempo para Cocinar: 15 minutos

Ingredientes:

- 2 huevos grandes
- 1 cucharada de crema espesa
- 1 pizca de sal y 1 pizca de pimienta
- 3 onzas de salchicha de cerdo molida
- 2 cucharadas de cebolla amarilla en cubitos
- ¼ taza de queso cheddar rallado

Instrucciones:

1. Bata los huevos junto con la crema espesa, la sal y la pimienta
2. Cocine la salchicha en un sartén a fuego medio-alto, luego agregue la cebolla y mezcle
3. Saltee la mezcla hasta que la cebolla quede transparente, de 3 a 4 minutos
4. Coloque la mezcla en un recipiente y recaliente el sartén
5. Agregue la mantequilla y déjela derretirse, luego vierta la mezcla de huevo y mezcle
6. Cocine por 2 minutos hasta que el fondo del huevo casi esté listo
7. Sirva la mezcla de salchicha sobre la mitad del huevo y espolvoree con queso
8. Doble el omelet y cocine hasta que esté listo. Sirva caliente

Nutrición: 545 calorías, 43g grasa, 33g proteína, 5g carbohidratos netos

Pudín de Chocolate Mocha con Chía

Porciones: 2

Tamaño por Porción: ½ receta

Tiempo de Preparación: 5 minutos

Tiempo para Cocinar: 0 minutos

Ingredientes:

- 1 taza de café preparado
- ⅓ taza de leche de coco enlatada
- 1 cucharada de proteína de suero en polvo sabor chocolate
- 1 cucharada de extracto de vainilla
- 1 cucharada de eritritol en polvo
- ⅓ taza de semillas de chía
- 1 cucharada de cocoa en polvo sin endulzar

Instrucciones:

1. Prepare una taza de café y sírvala en un recipiente para que se enfríe
2. Agregue la leche de coco, la proteína el polvo, la vainilla y el eritritol en polvo
3. Agregue las semillas de chía y la cocoa en polvo, bata y sirva la mezcla en dos tarros de vidrio
4. Cubra los tarros y enfríe por al menos 30 minutos, hasta que espese

Nutrición: 320 calorías, 25g grasa, 15.5g proteína, 6.5g carbohidratos netos

RECETAS PARA EL DESAYUNO

Batido Proteínico de Vainilla

Porciones: 1

Tamaño por Porción: 1 receta

Tiempo de Preparación: 5 minutos

Tiempo para Cocinar: 0 minutos

Ingredientes:

- ½ taza de crema espesa
- ¼ taza de leche de almendra sin endulzar
- 1 cucharada de proteína de suero en polvo sabor vainilla
- 1 cucharada de aceite de coco
- 1 cucharada de eritritol en polvo
- ½ cucharadita de extracto de vainilla
- 4 a 5 cubos de hielo
- 2 cucharadas de crema batida

Instrucciones:

1. Combine la crema espesa, la leche de almendra, la proteína en polvo, el aceite de coco y el eritritol en polvo en una licuadora
2. Agregue la vainilla y los cubos de hielo y licúe hasta obtener una mezcla suave
3. Sirva en un vaso y agregue crema batida

Nutrición: 500 calorías, 43g grasa, 24g proteína, 4.5g carbohidratos netos

Recetas para el Desayuno

Waffles con Cheddar y Jalapeño

Porciones: 3

Tamaño por Porción: 1 waffle

Tiempo de Preparación: 10 minutos

Tiempo para Cocinar: 15 minutos

Ingredientes:

- 1 cabeza de coliflor mediana, cocida y picada
- 8 onzas de jamón, en cubitos
- 4 cebollas verdes, en rebanadas delgadas
- ¼ taza de queso cheddar rallado
- 2 huevos grandes
- 1 jalapeño sin semillas, picado
- Crema ácida, para servir

Instrucciones:

1. Coloque la coliflor en un procesador de alimentos y pulse hasta obtener una consistencia parecida a la del arroz
2. Transfiera la coliflor a un recipiente, luego agregue el jamón, la cebolla verde, el queso cheddar, los huevos y el jalapeño y mezcle
3. Caliente una wafflera y sirva ½ taza de la mezcla
4. Cierre la wafflera y cocine hasta que el waffle quede dorado, luego retire
5. Repita con el resto de la mezcla y sirva acompañado de crema ácida

Nutrición: 265 calorías, 13g grasa, 23g proteína, 9.5g carbohidratos netos

Recetas para el Desayuno

Cacerola de Desayuno de Cordero y Cheddar

Porciones: 3

Tamaño por Porción: alrededor de ⅓ de receta

Tiempo de Preparación: 15 minutos

Tiempo para Cocinar: 35 minutos

Ingredientes:

- 6 onzas de cordero molido
- 4 rebanadas de tocino, picado

- 1 cebolla amarilla mediana, picada
- 1 diente de ajo, picado
- 5 huevos grandes
- 2 cucharadas de crema espesa
- Sal y pimienta al gusto
- 2 onzas de queso cheddar rallado
- 2 cebollas verdes, en rebanadas delgadas

Instrucciones:

1. Precaliente el horno a 350°F y engrase ligeramente una cacerola chica
2. Combine el cordero y el tocino en un sartén a fuego medio-alto y cocine hasta que el cordero quede dorado, rompiéndolo en pedacitos
3. Agregue la cebolla y el ajo, mezcle y cocine por 3 minutos hasta que queden dorados
4. Distribuya la mezcla de manera uniforme sobre la cacerola
5. Bata los huevos junto con la crema espesa, la sal y la pimienta, luego sirva en la cacerola
6. Espolvoree con queso y hornee de 30 a 35 minutos hasta que esté listo
7. Agregue cebolla verde rebanada encima y sirva caliente

Nutrición: 425 calorías, 28g grasa, 37g proteína, 4.5g carbohidratos netos

Recetas para el Desayuno

Tazón de Batido de Frambuesa y Nuez

Porciones: 1

Tamaño por Porción: 1 receta

Tiempo de Preparación: 10 minutos

Tiempo para Cocinar: 0 minutos

Ingredientes:

- 1 taza de espinaca baby fresca
- ½ taza de leche de almendra sin endulzar
- 2 cucharadas de crema espesa
- 1 cucharada de aceite de coco
- 1 cucharada de proteína de suero en polvo
- 5 frambuesas frescas
- 1 cucharada de nueces tostadas, picadas
- 1 cucharada de coco rallado

Instrucciones:

1. Coloque la espinaca y la leche de almendra en una licuadora y licúe hasta obtener una mezcla suave
2. Agregue la crema espesa, el aceite de coco y la proteína en polvo y vuelva a licuar
3. Incluya algunos cubos de hielo y licúe para espesar si así lo desea
4. Vierta el batido en un tazón y coloque las frambuesas, las nueces y el coco encima

Nutrición: 485 calorías, 35g grasa, 27g proteína, 11g carbohidratos netos

Recetas para el Desayuno

Sartén de Huevo con Chorizo

Porciones: 4

Tamaño por Porción: alrededor de ¼ de receta

Tiempo de Preparación: 10 minutos

Tiempo para Cocinar: 30 minutos

Ingredientes:

- 1 cucharada de aceite de coco
- 12 onzas de chorizo molido
- 1 pimiento rojo mediano, picado

- 1 cebolla amarilla mediana, picada
- 2 dientes de ajo, picados
- ½ cucharada de chile en polvo
- 1 ½ cucharaditas de comino molido
- Sal y pimienta al gusto
- 1 lata (de 14 onzas) de jitomate en cubitos
- 4 huevos grandes
- 2 onzas de queso fresco, desmoronado

Instrucciones:

1. Caliente el aceite de coco en un sartén grande a fuego medio y agregue el chorizo
2. Cocine el chorizo hasta que quede dorado, rompiéndolo en pedacitos
3. Retire el chorizo, colóquelo en un recipiente y recaliente el sartén a fuego medio-alto
4. Agregue el pimiento y la cebolla y cocine por 5 minutos
5. Agregue el ajo, el chile en polvo y el comino y mezcle, luego sazone con sal y pimienta
6. Regrese el chorizo al sartén junto con el jitomate y deje hervir a fuego lento por 5 minutos
7. Distribuya la mezcla de manera uniforme sobre el sartén y forme 6 depresiones
8. Rompa un huevo en cada depresión y sazone con sal y pimienta
9. Cocine hasta que los huevos estén listos al gusto y sirve con queso fresco

Nutrición: 450 calorías, 37g grasa, 23.5g proteína, 11g carbohidratos netos

Recetas para el Desayuno

Quiche de Vegetales con Mozzarella

Porciones: 4

Tamaño por Porción: alrededor de ¼ de receta

Tiempo de Preparación: 15 minutos

Tiempo para Cocinar: 25 minutos

Ingredientes:

- 2 tazas de queso mozzarella rallado
- 1 cucharada de mantequilla
- 1 cebolla amarilla mediana, picada
- 1 pimiento rojo mediano, picado
- 1 taza de coliflor en cubitos
- 6 huevos grandes, batidos
- 1 taza de crema espesa
- 1 cucharadita de tomillo seco
- Sal y pimienta al gusto

Instrucciones:

1. Precaliente el horno a 350°F y engrase ligeramente una bandeja para quiche de 10 pulgadas
2. Agregue el queso mozzarella a la bandeja y distribúyalo de manera uniforme
3. Caliente la mantequilla en un sartén a fuego medio
4. Agregue la cebolla, el pimiento y la coliflor y cocine hasta que queden blandos, alrededor de 5 minutos
5. Sirva la mezcla de vegetales en la bandeja para quiche y distribúyala de manera uniforme
6. Bata los huevos junto con la crema espesa, el tomillo, la sal y la pimienta
7. Vierta la mezcla en la bandeja y hornee de 20 a 25 minutos, hasta que esté listo
8. Deje enfriar el quiche de 5 a 10 minutos antes de rebanar para servir

Nutrición: 305 calorías, 24g grasa, 15g proteína, 6.5g carbohidratos netos

Recetas para el Desayuno

Waffles de Chocochip

Porciones: 2

Tamaño por Porción: 1 waffle

Tiempo de Preparación: 10 minutos

Tiempo para Cocinar: 15 minutos

Ingredientes:

- 2 huevos grandes, separados en claras y yemas
- 3 cucharadas de proteína de suero en polvo
- 2 cucharadas de mantequilla, derretida
- ½ cucharadita de extracto de vainilla
- 50g de granos de cocoa

Instrucciones:

1. Bata las claras de huevo hasta que se firmen picos duros
2. En un recipiente hondo, bata la proteína en polvo junto con la mantequilla derretida, las yemas de huevo y el extracto de vainilla
3. Vierta lentamente las claras de huevo batidas y la cocoa y mezcle
4. Engrase y precaliente una wafflera a fuego alto
5. Sirva la mitad de la mezcla en la wafflera, ciérrela y cocine hasta que quede dorado
6. Repita con el resto de la mezcla y sirva caliente acompañado de mantequilla

Nutrición: 505 calorías, 31g grasa, 40g proteína, 11g carbohidratos netos

Recetas para el Desayuno

Magdalenas de Almendra con Especias

Porciones: 3

Tamaño por Porción: 2 magdalenas

Tiempo de Preparación: 10 minutos

Tiempo para Cocinar: 25 minutos

Ingredientes:

- 1 taza de harina de almendra
- ½ taza de eritritol en polvo
- 1 cucharadita de levadura
- 1 cucharadita de canela molida
- ¼ cucharadita de nuez moscada molida
- 1 pizca de sal
- ⅓ taza de mantequilla de almendra
- ½ taza de leche de almendra sin endulzar
- 2 huevos grandes, batidos
- 1 onza de almendras finamente rebanadas

Instrucciones:

1. Precaliente el horno a 350°F y cubra la mitad de una bandeja para magdalenas (seis de los espacios) con tulipas
2. Combine la harina de almendra, el eritritol en polvo, la levadura, la canela, la nuez moscada y la sal en un recipiente
3. En un recipiente para microondas, derrita la mantequilla de almendra, luego agréguela a la leche de almendra y bata
4. Vierta la mezcla de leche de almendra sobre los ingredientes secos, agregue los huevos y bata
5. Sirva la mezcla de manera uniforme en cada uno de los espacios de la bandeja y coloque las almendras rebanadas encima
6. Hornee de 20 a 25 minutos hasta que un cuchillo que se inserte en el centro salga limpio

Nutrición: 295 calorías, 24.5g grasa, 12.5g proteína, 6g carbohidratos netos

Recetas para el Desayuno

Muffins de Huevo con Cheddar y Salchicha

Porciones: 4

Tamaño por Porción: 3 muffins

Tiempo de Preparación: 10 minutos

Tiempo para Cocinar: 30 minutos

Ingredientes:

- 12 onzas de salchicha de desayuno
- 1 cebolla amarilla mediana, picada
- 1 pimiento rojo chico, picado
- 1 diente de ajo, picado
- Sal y pimienta al gusto
- 3 huevos grandes
- 2 cucharadas de crema espesa
- ½ taza de queso cheddar rallado

Instrucciones:

1. Precaliente el horno a 350°F y engrase una bandeja para muffins con spray para cocinar
2. Combine la salchicha, la cebolla, el pimiento, el ajo, la sal y la pimienta en un recipiente
3. Revuelva bien y divida la mezcla de manera uniforme en la bandeja, presionándola sobre los espacios
4. Bata los huevos junto con la crema espesa, vierta la mezcla en los espacios de la bandeja y cubra con queso
5. Hornee de 25 a 30 minutos, hasta que los huevos estén listos y el queso esté dorado

Nutrición: 445 calorías, 35.5g grasa, 25.5g proteína, 5g carbohidratos netos

Recetas para el Desayuno

Batido de Desayuno de Mantequilla de Maní

Porciones: 1

Tamaño por Porción: 1 receta

Tiempo de Preparación: 5 minutos

Tiempo para Cocinar: 0 minutos

Ingredientes:

- 1 ¼ taza de leche de almendra sin endulzar
- ¼ taza de leche de coco enlatada
- 2 cucharadas de mantequilla de maní
- 1 cucharada de proteína de suero en polvo
- 5 a 6 gotas de extracto líquido de estevia
- ½ cucharadita de extracto de vainilla
- 4 a 5 cubos de hielo

Instrucciones:

1. Combine la leche de almendra, la leche de coco, la mantequilla de maní, la proteína en polvo y la estevia líquida en una licuadora
2. Agregue la vainilla y los cubos de hielo y licúe hasta obtener una mezcla suave
3. Sirva en un vaso y agregue crema batida

Nutrición: 500 calorías, 36.5g grasa, 33g proteína, 10.5g carbohidratos netos

Recetas para el Desayuno

Omelet con Tocino y Pimientos

Porciones: 1

Tamaño por Porción: 1 omelet

Tiempo de Preparación: 5 minutos

Tiempo para Cocinar: 15 minutos

Ingredientes:

- 2 rebanadas de tocino, crudo
- ¼ taza de cebolla amarilla picada
- ¼ taza de pimiento rojo en cubitos
- 3 huevos grandes
- 1 cucharada de crema espesa
- Sal al gusto
- 2 cucharadas de queso cheddar rallado

Instrucciones:

1. Cocine el tocino en un sartén hasta que quede crujiente, luego retírelo y déjelo escurrir sobre toallas de papel
2. Recaliente el sartén con la grasa del tocino, luego agregue la cebolla y el pimiento
3. Cocine hasta que los vegetales queden blandos, luego colóquelos en un tazón
4. Bata los huevos junto con la crema espesa y la sal, luego vierta la mezcla en el sartén
5. Cocine hasta que el huevo comience a cocinarse, luego agregue los vegetales hasta la mitad
6. Pique el tocino y espolvoréelo sobre los vegetales, luego agregue el queso
7. Cocine hasta que el huevo esté listo y sirva caliente

Nutrición: 425 calorías, 29.5g grasa, 30g proteína, 6g carbohidratos netos

Recetas para el Desayuno

Porción Sencilla de Pan Francés

Porciones: 1

Tamaño por Porción: 1 receta

Tiempo de Preparación: 5 minutos

Tiempo para Cocinar: 10 minutos

Ingredientes:

- 1 cucharada de mantequilla
- 2 huevos grandes
- 1 cucharada de harina de coco
- 1 ½ cucharaditas de queso crema
- ½ cucharadita de levadura
- ¼ cucharadita de canela molida
- 1 pizca de nuez moscada molida
- ¼ taza de crema espesa
- 1 cucharadita de aceite de coco

Instrucciones:

1. Derrita la mantequilla en un refractario de 6 pulgadas en el microondas
2. Agregue un huevo junto con la harina de coco, el queso crema, la levadura, la canela, la nuez moscada y bata
3. Cocine a temperatura alta por 90 segundo, luego deje enfriar por un minuto
4. Saque el pan del refractario y espere a que se enfríe lo suficiente para manejarlo, luego córtelo a la mitad
5. Bata el huevo restante junto con la crema espesa y remoje el pan en la mezcla
6. Caliente el aceite de coco en un sartén a fuego medio-alto
7. Agregue las rebanadas de pan y cocine hasta que queden doradas por ambos lados

Nutrición: 465 calorías, 40g grasa, 15.5g proteína, 6.5g carbohidratos netos

Recetas para el Almuerzo

Sándwich BLT

Porciones: 4

Tamaño por Porción: 2 sándwiches

Tiempo de Preparación: 10 minutos

Tiempo para Cocinar: 25 minutos

Ingredientes:

- 3 huevos grandes, separados
- ¼ taza de queso crema, suavizado
- ½ cucharada de polvo de cáscara de psyllium
- ½ cucharadita de levadura
- 4 rebanadas de tocino, crudo
- 4 cucharadas de mayonesa
- 4 hojas de lechuga romana
- 4 rebanadas de jitomate

Instrucciones:

1. Precaliente el horno a 300°F y cubra una bandeja para hornear con papel para cocinar
2. Bata las claras de huevo en un recipiente hasta que se formen picos duros
3. En un recipiente aparte, combine las yemas de huevo con el queso crema, el psyllium y la levadura
4. Vierta las claras de huevo, mezcle y sirva en la bandeja, formando 8 círculos iguales
5. Hornee por 25 minutos, hasta que los bordes estén dorados mientras usted cocina el tocino
6. Cuando los círculos de pan se enfríen, cubra 4 de ellos con una cucharada de mayonesa
7. Agregue lechuga, jitomate y tocino, luego cubra con otro círculo de pan y sirva

Nutrición: 440 calorías, 35.5g grasa, 19g proteína, 10.5g carbohidratos netos

Recetas para el Almuerzo

Tazón de Rollo de Huevo con Cerdo

Porciones: 2

Tamaño por Porción: alrededor de ½ receta

Tiempo de Preparación: 10 minutos

Tiempo para Cocinar: 25 minutos

Ingredientes:

- 1 cucharada de aceite de oliva
- 10 onzas de cerdo molido
- 2 tazas de ensalada de col (sin aderezo)
- ½ cucharada de salsa de soya
- 1 cucharadita de jengibre molido
- ½ cucharadita de ajo picado
- ½ taza de aguacate en cubitos
- 4 cebollas verdes, en rebanadas delgadas

Instrucciones:

1. Caliente el aceite en un sartén a fuego medio y agregue el cerdo
2. Cocine hasta que el cerdo quede dorado, rompiéndolo en pedacitos con una cuchara
3. Agregue la ensalada de col, la salsa de soya, el jengibre y el ajo, mezcle y cocine por 3 minutos
4. Con una cuchara, sirva la mezcla en dos recipientes y coloque el aguacate y la cebolla verde encima

Nutrición: 460 calorías, 34.5g grasa, 28g proteína, 6g carbohidratos netos

Recetas para el Almuerzo

Chowder Cremoso de Pescado

Porciones: 6

Tamaño por Porción: alrededor de 1 ½ tazas

Tiempo de Preparación: 20 minutos

Tiempo para Cocinar: 45 minutos

Ingredientes:

- 4 rebanadas de tocino, picado
- 1 cebolla amarilla mediana, picada
- ¼ taza de mantequilla
- 1 cucharada de ajo picado
- ¼ taza de vino blanco seco
- 3 tazas de caldo de pollo
- 1 cabeza de coliflor mediana, picada
- 1 cucharadita de tomillo seco
- 2 tazas de crema espesa
- 1 libra de pez blanco, cocido al vapor y cortado en trozos chicos

Instrucciones:

1. Cocine el tocino en una olla grande a fuego lento por 10 minutos
2. Agregue la cebolla y la mantequilla, mezcle y luego aumente la temperatura a fuego medio-alto
3. Cocine por 5 minutos, luego agregue el ajo, mezcle y cocine por 3 minutos más
4. Vierta el vino y desglase el contenido, revolviendo por 1 minuto mientras raspa los trozos dorados
5. Agregue el caldo de pollo, la coliflor y el tomillo, mezcle y luego ponga a hervir
6. Reduzca el calor y deje hervir a fuego lento por 25 minutos, luego agregue la crema y revuelva
7. Deje hervir por 10 minutos, luego haga un puré con la sopa usando una licuadora de inmersión
8. Regrese la olla a temperatura baja, agregue el pescado y revuelva
9. Ajuste el sazón al gusto y sirva caliente

Nutrición: 360 calorías, 26.5g grasa, 21g proteína, 6g carbohidratos netos

Recetas para el Almuerzo

Tacos de Res con Cheddar

Porciones: 2

Tamaño por Porción: alrededor de ½ receta

Tiempo de Preparación: 15 minutos

Tiempo para Cocinar: 15 minutos

Ingredientes:

- 1 ½ tazas de queso cheddar rallado
- 5 onzas de carne de res molida (80% magra)
- ½ taza de jitomate picado
- 1 cucharada de condimento para tacos
- Sal y pimienta al gusto
- ¼ taza de aguacate picado
- ¼ taza de crema ácida

Instrucciones:

1. Precaliente el horno a 350°F y cubra una bandeja para hornear con papel para cocinar
2. Distribuya el queso en dos círculos iguales sobre la bandeja
3. Hornee de 6 a 7 minutos hasta que quede derretido y dorado por las orillas
4. Deje enfriar de 3 a 4 minutos, luego dé forma de taco con ayuda de una cuchara de madera
5. Deje enfriar la costra hasta que quede completamente duro mientras prepara el relleno
6. Dore la res en un sartén, luego escurra la grasa
7. Agregue el jitomate y el condimento para tacos, revuelva y luego sazone con sal y pimienta
8. Sirva el relleno en las costras y agregue aguacate y crema ácida encima

Nutrición: 660 calorías, 52g grasa, 35g proteína, 10g carbohidratos netos

Recetas para el Almuerzo

Sopa Cremosa de Coliflor

Porciones: 2

Tamaño por Porción: alrededor de ½ receta

Tiempo de Preparación: 10 minutos

Tiempo para Cocinar: 20 minutos

Ingredientes:

- 1 cucharadita de aceite de oliva
- 1 cabeza de coliflor mediana, picada
- 2 dientes de ajo, picados
- 2 tazas de caldo de pollo
- 2 onzas de queso crema
- 1 cucharada de mantequilla
- Sal y pimienta al gusto

Instrucciones:

1. Caliente el aceite en un sartén a fuego medio
2. Pique finamente algunos floretes de coliflor y fríalos en el aceite con ajo hasta que queden dorados
3. Coloque el resto de la coliflor en una olla chica junto con el caldo de pollo
4. Ponga a hervir, luego reduzca el calor y deje reposar a fuego lento hasta que la coliflor quede blanda
5. Agregue el queso crema, la mantequilla, la sal y la pimienta, revuelva y hágalo puré hasta que quede suave
6. Sirva en tazones y adorne con los trocitos de coliflor frita

Nutrición: 285 calorías, 20g grasa, 13g proteína, 10.5g carbohidratos netos

Ensalada Caliente de Calabacín y Nuez

Porciones: 1

Tamaño por Porción: 1 receta

Tiempo de Preparación: 15 minutos

Tiempo para Cocinar: 5 minutos

Ingredientes:

- 2 cucharadas de leche de coco
- ½ cucharada de aceite de oliva
- 1 diente de ajo, picado
- ½ calabacín chico (cortado por la mitad a lo largo)
- 1 cucharada de aceite de coco
- 1 taza de lechuga romana picada
- 1 taza de espinaca picada
- 1 cebolla verde, en rebanadas delgadas
- 1 onza de nueces tostadas

Instrucciones:

1. Para el aderezo, bata la leche de coco junto con el aceite de oliva y el ajo en un recipiente chico
2. Use una cuchara para remover las semillas de la mitad del calabacín, luego córtelo en rebanadas delgadas
3. Caliente el aceite en un sartén a fuego medio-alto y agregue el calabacín
4. Saltee el calabacín hasta que quede blando, luego retírelo del calor
5. Combine la lechuga romana, la espinaca y la cebolla verde en una ensaladera, luego mézclela junto con el aderezo
6. Coloque el calabacín y las nueces encima

Nutrición: 450 calorías, 45g grasa, 9.5g proteína, 4.5g carbohidratos netos

Recetas para el Almuerzo

Ensalada de Espinacas y Carne

Porciones: 1

Tamaño por Porción: 1 receta

Tiempo de Preparación: 10 minutos

Tiempo para Cocinar: 10 minutos

Ingredientes:

- 1 ½ tazas de espinaca baby fresca
- 1 jitomate chico, en cubitos
- ¼ taza de pepino en cubitos
- 1 cucharada de mantequilla
- 4 onzas de filete de sirloin
- Sal y pimienta al gusto
- ¼ taza de aguacate en cubitos
- 2 cucharadas de jugo de lima fresco
- 2 cucharadas de cilantro fresco
- 1 cucharadita de aceite de oliva

Instrucciones:

1. Mezcle la espinaca, el jitomate y el pepino en una ensaladera
2. Caliente la mantequilla a fuego medio-alto en un sartén
3. Agregue la carne y sazone con sal y pimienta
4. Cocine hasta que la parte inferior de la carne quede sellada, de 3 a 4 minutos, luego voltéela y cocínela al gusto

5. Retire la carne, colóquela en una tabla para cortar, déjela reposar 5 minutos y rebánela
6. Combine los ingredientes restantes en una licuadora y licúe hasta obtener una mezcla suave
7. Coloque la carne rebanada sobre la ensalada y agregue aderezo

Nutrición: 460 calorías, 31g grasa, 37.5g proteína, 5g carbohidratos netos

Recetas para el Almuerzo

Estofado de Repollo con Res

Porciones: 4

Tamaño por Porción: alrededor de ¼ de receta

Tiempo de Preparación: 10 minutos

Tiempo para Cocinar: 7 horas

Ingredientes:

- 4 onzas de tocino, picado
- 1 cebolla roja grande, en cubitos
- 1 cucharada de ajo picado
- 1 libra de lomo asado de res, sin hueso
- Sal y pimienta al gusto
- 1 cabeza de repollo chica, en rebanadas delgadas
- 1 cucharadita de tomillo fresco picado
- ½ cucharadita de orégano picado fresco
- ½ taza de caldo de res
- ½ cucharadita de goma xantana

Instrucciones:

1. Distribuya el tocino, la cebolla y el ajo en una olla de cocción lenta
2. Coloque el lomo asado de res encima y sazone con sal y pimienta

3. Agregue el repollo rebanado y las hierbas, luego vierta el caldo
4. Cubra y cocine a baja temperatura de 6 a 7 horas, hasta que la carne quede muy blanda
5. Retire el asado, colóquelo en una tabla para cortar y agregue la goma xantana al líquido de la olla
6. Cocine a alta temperatura por 15 minutos o hasta que espese
7. Deshebre la res y sírvala junto con el repollo y la salsa espesa

Nutrición: 635 calorías, 44g grasa, 43.5g proteína, 10g carbohidratos netos

Recetas para el Almuerzo

Pay de Espinaca y Queso de Cabra

Porciones: 4

Tamaño por Porción: alrededor de ¼ de receta

Tiempo de Preparación: 15 minutos

Tiempo para Cocinar: 1 hora

Ingredientes:

- 1 taza de harina de almendra
- 2 cucharadas de semillas de lino molidas
- 1 cucharada de polvo de cáscara de psyllium
- 1 pizca de sal y pimienta
- 4 huevos, divididos
- ¾ taza de crema espesa
- 2 onzas de queso mozzarella rallado
- 1 cucharada de aceite de oliva
- 1 cebolla amarilla chica, picada
- 2 dientes de ajo, picados
- 2 tazas de espinaca picada fresca

- 3 onzas de queso de cabra

Instrucciones:

1. Precaliente el horno a 350°F y engrase un molde desmontable con aceite
2. Combine la harina de almendra con las semillas de lino, la cáscara de psyllium, una pizca de sal y un huevo en un procesador de alimentos
3. Pulse la mezcla hasta obtener una masa, luego presiónela contra el fondo y los bordes del molde desmontable
4. Pique la masa con un tenedor en diferentes lugares, luego hornee de 12 a 15 minutos y deje enfriar
5. Bata los otros 3 huevos junto con la crema espesa, el mozzarella, la sal y la pimienta
6. Caliente el aceite en un sartén grande a fuego medio y agregue la cebolla y el ajo
7. Cocine de 3 a 4 minutos, luego agregue la espinaca, revuelva y cocine por otros 2 minutos
8. Distribuya la mezcla de espinaca sobre el molde desmontable y vierta los huevos
9. Espolvoree con queso de cabra y hornee de 35 a 40 minutos hasta que esté listo

Nutrición: 445 calorías, 35.5g grasa, 21.5g proteína, 6g carbohidratos netos

Recetas para el Almuerzo

Ensalada de Hamburguesa Abundante

Porciones: 1

Tamaño por Porción: 1 receta

Tiempo de Preparación: 5 minutos

Tiempo para Cocinar: 15 minutos

Ingredientes:

- 5 onzas de carne de res molida (80% magra)
- ¼ cucharadita de paprika
- ¼ cucharadita de ajo en polvo
- Sal y pimienta al gusto

- 1 ½ tazas de lechuga romana picada
- 4 jitomates cherry cortados en cuartos
- ¼ taza de aguacate en cubitos
- 2 cucharadas de queso cheddar rallado

Instrucciones:

1. Cocine la res en un sartén a fuego medio-alto hasta que quede dorada
2. Escurra algo de la grasa, luego agregue las especias, sazone con sal y pimienta y revuelva
3. En un recipiente, mezcle la lechuga y los jitomates
4. Coloque la res cocida, el queso rallado y el aguacate sobre la ensalada

Nutrición: 480 calorías, 37g grasa, 29g proteína, 3.5g carbohidratos netos

Recetas para el Almuerzo

Pizza de Sartén con Peperoni

Porciones: 3

Tamaño por Porción: 1 pizza

Tiempo de Preparación: 10 minutos

Tiempo para Cocinar: 25 minutos

Ingredientes:

- 6 huevos grandes
- ⅓ taza de queso parmesano rallado
- 3 cucharadas de polvo de cáscara de psyllium
- 2 cucharadita de condimento italiano seco
- 1 pizca de sal
- 2 cucharadas de aceite de coco

- ⅔ taza de salsa de jitomate baja en carbohidratos (se recomienda la salsa marinara hecha en casa de la marca Rao's)
- 2 onzas de peperoni en cubitos
- 1 ½ tazas de queso mozzarella rallado

Instrucciones:

1. Combine los huevos, el parmesano y la cáscara de psyllium en una licuadora
2. Agregue el condimento italiano junto con una pizca de sal y licúe hasta obtener una mezcla suave
3. Deje reposar a la mezcla por 5 minutos mientras calienta el aceite en un sartén
4. Sirva alrededor de ⅓ de la mezcla en el sartén y distribúyala de manera uniforme en forma de círculo
5. Cocine hasta que la parte inferior de la costra quede dorada, luego voltéela y dore el otro lado
6. Retire la costra y manténgala caliente mientras repite con el resto de la mezcla
7. Coloque las tres costras terminadas en una bandeja para hornear cubierta con papel de aluminio
8. Cubra con salsa de jitomate, peperoni y queso, luego ponga a asar hasta que la pizza quede dorada

Nutrición: 450 calorías, 35g grasa, 25g proteína, 3.5g carbohidratos netos

Recetas para el Almuerzo

Ensalada Gyro con Tzatziki de Aguacate

Porciones: 3

Tamaño por Porción: alrededor de ⅓ de receta

Tiempo de Preparación: 10 minutos

Tiempo para Cocinar: 25 minutos

Ingredientes:

- 1 cucharada de aceite de oliva
- 1 libra de hombro de cordero, rebanado
- Sal y pimienta al gusto

- 1 cebolla amarilla chica, picada
- ¼ taza de caldo de pollo
- 1 cucharada de jugo de limón
- ½ cucharadita de tomillo seco
- ½ cucharadita de orégano seco
- ½ pepino inglés mediano
- 1 aguacate mediano, deshuesado y picado
- 1 cucharada de menta picada fresca
- 1 cucharadita de eneldo picado fresco
- 5 tazas de lechuga romana picada

Instrucciones:

1. Caliente el aceite en un sartén grande a fuego medio-alto
2. Sazone el cordero con sal y pimienta y colóquelo en el sartén
3. Cocine de 2 a 3 minutos, luego agregue la cebolla
4. Permita que la mezcla se cocine hasta que la cebolla esté transparente, luego agregue el caldo de pollo, el jugo de limón, el orégano y el tomillo y revuelva
5. Deje hervir a fuego lento por 5 minutos más
6. Ralle el pepino y elimine tanta humedad como sea posible
7. Coloque el pepino en un procesador de alimentos junto con el aguacate, la menta y el eneldo y licúe hasta obtener una mezcla suave
8. Divida la lechuga romana entre tres ensaladeras, luego coloque cordero y tzatziki sobre cada una

Nutrición: 485 calorías, 29g grasa, 45g proteína, 5.5g carbohidratos netos

Recetas para el Almuerzo

Sartén de Taco de Res con Queso

Porciones: 1

Tamaño por Porción: 1 receta

Tiempo de Preparación: 10 minutos

Tiempo para Cocinar: 25 minutos

Ingredientes:

- 4 onzas de carne de res molida (80% magra)
- 1 cebolla amarilla chica, en cubitos
- ½ pimiento rojo chico, en cubitos
- ¼ taza de calabacín en cubitos
- Sal y pimienta al gusto
- 1 cucharada de condimento para tacos
- 2 cucharadas de agua
- 1 onza de queso cheddar rallado
- 1 ½ tazas de lechuga romana picada

Instrucciones:

1. Cocine la res en un sartén a fuego medio-alto hasta que quede dorada
2. Escurra algo de la grasa, luego agregue la cebolla, el pimiento y el calabacín y mezcle
3. Sazone con sal y pimienta, luego saltee por 5 minutos o hasta que los vegetales queden dorados
4. Agregue el condimento para tacos y el agua y revuelva, luego ponga a hervir a fuego lento por 3 minutos
5. Espolvoree el queso y cocine por 5 minutos, hasta que se derrita
6. Sirva la mezcla de taco sobre la lechuga picada y sirva

Nutrición: 475 calorías, 33g grasa, 29g proteína, 12g carbohidratos netos

Recetas para el Almuerzo

Ensalada de Jamón y Pavo

Porciones: 2

Tamaño por Porción: ½ receta

Tiempo de Preparación: 10 minutos

Tiempo para Cocinar: 0 minutos

Ingredientes:

- ¼ taza de leche de coco enlatada
- 2 cucharaditas de aceite de oliva
- 2 cucharaditas de mostaza Dijon
- Sal y pimienta al gusto
- 3 tazas de lechuga romana picada
- ½ taza de jitomate picado
- 4 onzas de pavo ahumado, picado
- 4 onzas de jamón deli, picado
- 2 rebanadas de tocino, cocido y picado

Instrucciones:

1. Bata la leche de coco junto con el aceite de oliva, la mostaza Dijon, la sal y la pimienta
2. Agregue la lechuga y el jitomate, luego divida todo entre dos ensaladeras
3. Coloque el pavo, el jamón y el tocino sobre cada una

Nutrición: 355 calorías, 26g grasa, 24.5g proteína, 6g carbohidratos netos

RECETAS PARA EL ALMUERZO

Cacerola Rápida de Roast Beef

Porciones: 1

Tamaño por Porción: 1 receta

Tiempo de Preparación: 5 minutos

Tiempo para Cocinar: 25 minutos

Ingredientes:

- 4 onzas de roast beef rebanado
- 1 cucharada de crema ácida
- 2 cucharadas de chiles enlatados, en cubitos
- 2 onzas de queso pepper jack rallado
- 1 pizca de paprika

Instrucciones:

1. Cubra el fondo de un recipiente para microondas con rebanadas de roast beef
2. Sirva ½ cucharada de crema ácida encima y luego agregue la mitad de los chiles
3. Espolvoree 1 onza de queso y repita las capas
4. Meta el recipiente al microondas hasta que el queso se derrita, luego espolvoree con paprika y sirva

Nutrición: 405 calorías, 26.5g grasa, 38.5g proteína, 5g carbohidratos netos

Recetas para el Almuerzo

Ensalada de Huevo Fácil

Porciones: 2

Tamaño por Porción: alrededor de ½ receta

Tiempo de Preparación: 15 minutos

Tiempo para Cocinar: 0 minutos

Ingredientes:

- 3 huevos duros
- 2 cucharadas de apio en cubitos
- 3 cucharadas de leche de coco enlatada
- 1 cucharada de perejil fresco picado

- 1 cucharadita de jugo de limón fresco
- Sal y pimienta al gusto
- 1 ½ tazas de lechuga romana picada

Instrucciones:

1. Pele los huevos y píquelos en trozos gruesos, luego colóquelos en un recipiente para mezclar
2. Agregue el apio, la leche de coco, perejil, jugo de limón, sal y pimienta
3. Coloque la ensalada de huevo sobre lechuga romana picada y sirva

Nutrición: 300 calorías, 24g grasa, 18g proteína, 3g carbohidratos netos

RECETAS PARA EL ALMUERZO

Sopa de Res con Verduras

Porciones: 3

Tamaño por Porción: 1 ½ tazas

Tiempo de Preparación: 45 minutos

Tiempo para Cocinar: 20 minutos

Ingredientes:

- 8 onzas de champiñones rebanado
- 1 cebolla amarilla mediana, picada
- 1 taza de coles de Bruselas, cortadas en cuartos
- 2 cucharadas de aceite de oliva
- Sal y pimienta al gusto
- 12 onzas de sirloin de res, picado
- 1 cucharada de mantequilla
- 2 tazas de caldo de res
- ½ cucharadita de orégano seco

- ¼ cucharadita de tomillo seco

Instrucciones:

1. Precaliente el horno a 350°F
2. Mezcle los champiñones, la cebolla y las coles de Bruselas con aceite de oliva, luego distribuya la mezcla en un refractario para hornear de vidrio
3. Sazone con sal y pimienta, luego ponga a asar por 30 minutos
4. Coloque la res junto con la mantequilla en una olla chica a fuego medio hasta que la carne se cocine
5. Agregue los vegetales cocidos y los ingredientes restantes, luego ponga a hervir
6. Reduzca el calor y deje a hervir a fuego lento por 20 minutos, luego sirva caliente

Nutrición: 395 calorías, 21.5g grasa, 41.5g proteína, 6.5g carbohidratos netos

Recetas para el Almuerzo

Ensalada de Manzana y Nuez

Porciones: 2

Tamaño por Porción: ½ receta

Tiempo de Preparación: 10 minutos

Tiempo para Cocinar: 0 minutos

Ingredientes:

- 6 cucharadas de leche de coco enlatada
- 1 cucharada de jugo de limón fresco
- 1 cucharadita de mostaza Dijon
- Sal y pimienta al gusto
- ½ taza de manzana en cubitos
- ½ taza de apio en cubitos
- ¼ taza de mitades de nueces tostadas

- 3 tazas de lechuga romana picada

Instrucciones:

1. Bata la leche de coco junto con el jugo de limón, la mostaza Dijon, la sal y la pimienta
2. En una ensaladera grande, combine la manzana, el apio y las nueces
3. Mezcle con el aderezo y sirva sobre lechuga romana picada

Nutrición: 445 calorías, 40.5g grasa, 11g proteína, 12g carbohidratos netos

Recetas para el Almuerzo

Cacerola de Pizza con Carne

Porciones: 3

Tamaño por Porción: alrededor de ⅓ de receta

Tiempo de Preparación: 20 minutos

Tiempo para Cocinar: 25 minutos

Ingredientes:

- 1 cucharada de aceite de oliva
- 8 onzas de salchicha italiana molida
- 4 onzas de carne de res molida (80% magra)
- 1 pimiento rojo chico, picado
- 1 cebolla amarilla mediana, picada
- 8 onzas de champiñones rebanado
- 1 taza de queso mozzarella rallado
- 2 onzas de peperoni en cubitos

Instrucciones:

1. Precaliente el horno a 400°F y engrase un refractario para hornear cuadrado con spray para cocinar
2. Caliente el aceite en un sartén a fuego medio-alto

3. Agregue la salchicha, la res, el pimiento y la cebolla y cocine por 6 minutos
4. Distribuya la mezcla sobre el refractario y hágalo a un lado
5. Cocine los champiñones en mantequilla hasta que queden dorados, luego distribúyalos sobre el refractario
6. Espolvoree el queso y el peperoni en cubitos, luego hornee por 25 minutos

Nutrición: 500 calorías, 35g grasa, 35g proteína, 8.5g carbohidratos netos

RECETAS PARA EL ALMUERZO

Hamburguesas Rellenas de Cheddar

Porciones: 2

Tamaño por Porción: 1 hamburguesa

Tiempo de Preparación: 10 minutos

Tiempo para Cocinar: 15 minutos

Ingredientes:

- 8 onzas de carne de res molida (80% magra)
- 2 huevos grandes
- ½ taza de queso cheddar rallado
- Sal y pimienta al gusto
- 1 cucharadita de aceite de oliva
- 4 hojas de lechuga
- 4 rebanadas de jitomate

Instrucciones:

1. Mezcle la res, los huevos, el queso cheddar, la sal y la pimienta en un tazón
2. Divida la mezcla en dos y dé forma de carne de hamburguesa a cada una
3. Caliente el aceite de oliva en un sartén a fuego medio-alto

4. Coloque las hamburguesas en el sartén y cocine 5 minutos por cada lado hasta que queden bien cocidas

5. Sirva sobre una cama de lechuga y jitomate rebanado

Nutrición: 500 calorías, 40g grasa, 32.5g proteína, 2g carbohidratos netos

Recetas para el Almuerzo

Pasteles de Pez Blanco Fritos

Porciones: 3

Tamaño por Porción: 3 pastelitos

Tiempo de Preparación: 25 minutos

Tiempo para Cocinar: 15 minutos

Ingredientes:

- 1 cabeza de coliflor chica, picada
- 2 cucharadas de mantequilla
- Sal y pimienta al gusto
- 12 onzas de filete de pez blanco
- 2 cucharadas de aceite de coco
- ¼ taza de harina de almendra
- 2 cucharadas de semilla de lino molida
- 1 huevo grande, batido
- 2 cebollas verdes, en rebanadas delgadas
- 2 cucharadas de perejil fresco picado
- 1 cucharadita de ralladura de limón fresca

Instrucciones:

1. Coloque la coliflor en un procesador de alimentos y pulse hasta obtener una consistencia parecida a la del arroz

2. Derrita la mantequilla en un sartén a fuego medio y agregue la coliflor

3. Cocine por aproximadamente 30 segundos, hasta que se vuelva fragante, y luego sazone con sal y pimienta

4. Deje cocinar a la coliflor por 5 minutos o hasta que quede blanda, luego retire del calor

5. Seque el pescado con una toalla de papel y sazónelo con sal y pimienta

6. Caliente otro sartén a fuego medio-alto y engráselo con aceite de coco

7. Agregue el pescado y cocínelo por un lado de 2 a 3 minutos, hasta que quede sellado

8. Voltee el pescado y cocínelo por otros 2 o 3 minutos

9. Corte el pescado en trozos chicos y colóquelos en un recipiente, luego agregue la coliflor y los ingredientes restantes y mezcle

10. Moldee la mezcla en forma de 9 'hamburguesas' uniformes

11. Fría los pasteles de pescado en aceite de oliva hasta que queden dorados por ambos lados

12. Bata la mayonesa junto con el ajo y sírvala con los pasteles de pescado

Nutrición: 430 calorías, 30g grasa, 33g proteína, 3.5g carbohidratos netos

RECETAS PARA LA CENA

Lomo de Cerdo al Romero con Manzana

Porciones: 2

Tamaño por Porción: alrededor de ½ receta

Tiempo de Preparación: 10 minutos

Tiempo para Cocinar: 20 minutos

Ingredientes:

- 1 cucharada de aceite de oliva
- 2 chuletas de lomo de cerdo (de 6 onzas)
- Sal y pimienta al gusto
- ½ taza de manzana finamente rebanada
- 2 cucharaditas de romero picado fresco
- 2 tazas de coliflor picada
- 2 cucharadas de mantequilla
- 1 cucharada de perejil fresco picado

Instrucciones:

1. Caliente el aceite en un sartén a fuego medio-alto y sazone el cerdo con sal y pimienta
2. Agregue el cerdo al sartén y cocine de 2 a 3 minutos por cada lado hasta que quede sellado
3. Reduzca la temperatura y agregue las manzanas y el romero al sartén
4. Cubra el sartén y cocine a temperatura baja por 8 minutos
5. En una olla chica aparte, ponga a hervir algo de agua y luego agregue la coliflor
6. Cocine de 2 a 3 minutos hasta que quede blanda, luego escurra el agua y colóquela en un procesador de alimentos
7. Agregue la mantequilla y el perejil y licúe hasta obtener una mezcla suave

8. Sirva la coliflor molida con el lomo de cerdo (rebanado)

Nutrición: 565 calorías, 33g grasa, 54g proteína, 9.5g carbohidratos netos

Recetas para la Cena

Chicken Bake Enchilado

Porciones: 1

Tamaño por Porción: 1 receta

Tiempo de Preparación: 10 minutos

Tiempo para Cocinar: 1 hora

Ingredientes:

- 2 muslos de pollo con hueso
- Sal y pimienta al gusto
- ½ taza de salsa de la tienda
- 1 onza de queso cheddar rallado
- 2 cucharadas de crema ácida
- 2 cucharadas de aguacate en cubitos

Instrucciones:

1. Precaliente el horno a 375°F y engrase una cacerola chica con spray para cocinar
2. Sazone el pollo con sal y pimienta y colóquelo en la cacerola
3. Vierta la salsa encima, luego espolvoree el queso y cubra con papel de aluminio
4. Hornee de 45 a 60 minutos hasta que el pollo esté completamente cocido
5. Agregue crema ácida y aguacate encima y sirva

Nutrición: 580 calorías, 43.5g grasa, 39g proteína, 4.5g carbohidratos netos

Recetas para la Cena

Curry de Pollo con Coco

Porciones: 4

Tamaño por Porción: alrededor de ¼ de receta

Tiempo de Preparación: 15 minutos

Tiempo para Cocinar: 30 minutos

Ingredientes:

- 1 cucharada de aceite de oliva
- 1 cebolla amarilla chica, picada
- 1 ½ libras de muslos de pollo sin hueso
- Sal y pimienta al gusto
- 1 lata de leche de coco (de 14 onzas)
- 1 cucharada de curry en polvo
- 1 cucharadita de cúrcuma molida
- 2 tazas de ejotes frescos, cortados
- ¼ taza de cilantro picado

Instrucciones:

1. Caliente el aceite en un sartén profundo a fuego medio
2. Cocine la cebolla en el aceite por 5 minutos hasta que quede transparente, luego colóquela en un recipiente
3. Recaliente el sartén, agregue los muslos de pollo y sazónelos con sal y pimienta
4. Cocine de 4 a 5 minutos por cada lado hasta que queden dorados y luego retírelos
5. Deshebre el pollo y agréguelo al sartén con la cebolla
6. Agregue la leche de coco, el curry en polvo, la cúrcuma y los ejotes y revuelva
7. Deje hervir a fuego lento por 20 minutos, luego adorne con cilantro fresco y sirva

Nutrición: 500 calorías, 36g grasa, 35.5g proteína, 7g carbohidratos netos

Barcos de Calabacín Rellenos de Cerdo

Porciones: 1

Tamaño por Porción: 1 receta

Tiempo de Preparación: 10 minutos

Tiempo para Cocinar: 35 minutos

Ingredientes:

- 1 calabacín mediano
- 1 cucharadita de aceite de oliva
- 1 cucharadita de mantequilla
- 4 onzas de cerdo molido
- ¼ taza de cebolla amarilla en cubitos
- 1 diente de ajo, picado
- ½ cucharadita de comino molido
- ¼ cucharadita de chile en polvo
- 1 pizca de cebolla en polvo
- Sal y pimienta al gusto
- ¼ taza de queso cheddar rallado

Instrucciones:

1. Precaliente el horno a 400°F
2. Corte el calabacín por la mitad a lo largo, retire el relleno con una cuchara y píquelo, dejando las mitades
3. Cubra las mitades de calabacín con aceite de oliva y hornéelas por 15 minutos
4. Caliente la mantequilla en un sartén a fuego medio, luego agregue el calabacín picado junto con el cerdo molido, la cebolla y el ajo
5. Cocine hasta que el cerdo quede dorado, luego agregue los condimentos y 2 cucharadas de queso y mezcle

6. Sirva la mezcla dentro de las mitades de calabacín

7. Espolvoree el queso restante y hornee por 20 minutos

Nutrición: 570 calorías, 41.5g grasa, 39g proteína, 8.5g carbohidratos netos

RECETAS PARA LA CENA

Sartén de Salchicha y Repollo

Porciones: 4

Tamaño por Porción: alrededor de ¼ de receta

Tiempo de Preparación: 10 minutos

Tiempo para Cocinar: 20 minutos

Ingredientes:

- 5 salchichas italianas grandes
- 2 cucharadas de mantequilla
- 1 cabeza de repollo chica, rebanada finamente
- ½ taza de crema ácida
- Sal y pimienta al gusto

Instrucciones:

1. Caliente un sartén a fuego medio-alto y agregue las salchichas

2. Cocine las salchichas hasta que queden doradas, volteándolas conforme sea necesario; luego retírelas y rebánelas

3. Recaliente el sartén con la mantequilla y agregue el repollo

4. Cocine de 3 a 4 minutos hasta que quede blando, luego agregue la crema ácida y las salchichas rebanadas y mezcle

5. Sazone con sal y pimienta, luego deje hervir a fuego lento por 10 minutos antes de servir

Nutrición: 315 calorías, 21g grasa, 20g proteína, 9.5g carbohidratos netos

RECETAS PARA LA CENA

Chuletas de Cerdo Asadas al Pesto

Porciones: 1

Tamaño por Porción: 1 receta

Tiempo de Preparación: 10 minutos

Tiempo para Cocinar: 25 minutos

Ingredientes:

- 1 chuleta de lomo de cerdo (de 5 onzas)
- 1 cucharadita de aceite de oliva
- Sal y pimienta al gusto
- 1 cucharada de mantequilla derretida
- 2 onzas de espárragos frescos, cortados

Instrucciones:

1. Cubra el cerdo con aceite de oliva y sazónelo con sal y pimienta
2. Precaliente un sartén para asar a fuego medio-alto y engráselo con spray para cocinar
3. Agregue la chuleta de cerdo y déjela asar por 10 minutos
4. Voltee la chuleta y ásela de 8 a 10 minutos más, hasta que esté lista
5. Mezcle los espárragos con la mantequilla derretida y áselos hasta que queden blandos, luego sirva caliente

Nutrición: 590 calorías, 50g grasa, 32g proteína, 1g carbohidratos netos

Recetas para la Cena

Pollo Sellado al Romero y Limón

Porciones: 2

Tamaño por Porción: 1 pechuga de pollo, ½ coliflor

Tiempo de Preparación: 15 minutos

Tiempo para Cocinar: 20 minutos

Ingredientes:

- 2 pechugas de pollo (de 6 onzas)
- Sal y pimienta al gusto
- 2 cucharadas de jugo de limón fresco
- 1 cucharada de romero fresco picado
- 1 cabeza de coliflor chica, picada
- 2 cucharadas de mantequilla

Instrucciones:

1. Coloque las pechugas de pollo sobre una hoja de papel para hornear y coloque otra hoja encima
2. Aplánelas hasta que tengan un grosor de ½ pulgada, luego sazónelas con sal y pimienta
3. Coloque las pechugas de pollo en un plato y vierta el jugo de limón encima
4. Espolvoree el romero, luego deje reposar por 1 hora a temperatura ambiente
5. Caliente un sartén para asar a fuego medio-alto y engráselo con spray para cocinar
6. Cocine las pechugas de pollo unos 7 minutos por cada lado hasta que queden cocidas
7. Mientras, ponga a hervir la coliflor en agua con sal hasta que quede blanda
8. Escurra el agua, transfiera la coliflor a un procesador de alimentos y licúela junto con la mantequilla
9. Sirva el pollo caliente acompañado de la coliflor molida

Nutrición: 465 calorías, 24.5g grasa, 52g proteína, 4g carbohidratos netos

RECETAS PARA LA CENA

Strogonoff de Res y Champiñones

Porciones: 2

Tamaño por Porción: alrededor de ½ receta

Tiempo de Preparación: 10 minutos

Tiempo para Cocinar: 25 minutos

Ingredientes:

- 1 cucharada de aceite de oliva
- 1 cebolla amarilla chica, picada
- 1 taza de champiñones picados
- 8 onzas de carne de res molida (80% magra)
- ½ taza de crema ácida
- 2 onzas de queso azul, triturado
- ½ cucharadita de tomillo seco
- ¼ cucharadita de orégano seco
- Sal y pimienta al gusto
- 2 calabacines medianos

Instrucciones:

1. Caliente el aceite en un sartén a fuego medio y agregue la cebolla
2. Cocine hasta que la cebolla quede dorada, alrededor de 5 minutos
3. Agregue los champiñones y cocine hasta que queden dorados, luego agregue la res
4. Cocine la res hasta que esté lista, luego escurra algo de la grasa
5. Agregue la crema ácida, el queso azul, el tomillo, el orégano, la sal y la pimienta y mezcle
6. Deje hervir a fuego lento por 10 minutos hasta que espese
7. Rebane el calabacín en forma de fideos, luego colóquelos en agua hirviendo por 1 minuto para blanquearlos
8. Escurra el calabacín y revuélvalo con la mezcla del sartén

Nutrición: 625 calorías, 51g grasa, 31g proteína, 11g carbohidratos netos

RECETAS PARA LA CENA

Brochetas de Carne a la Parrilla

Porciones: 1

Tamaño por Porción: 1 receta

Tiempo de Preparación: 10 minutos

Tiempo para Cocinar: 25 minutos

Ingredientes:

- 1 cucharada de cebolla roja picada
- ½ cucharada de cilantro picado
- 1 cucharadita de perejil fresco picado
- 1 diente de ajo, picado
- 1 cucharada de aceite de oliva
- 1 cucharadita de vinagre de vino blanco
- Sal y pimienta al gusto
- 4 onzas de sirloin de res, en cubitos
- 1 pimiento rojo chico, cortado en trozos

Instrucciones:

1. Combine la cebolla roja, el cilantro, el perejil y el ajo en un recipiente para mezclar
2. Agregue el aceite de oliva y el vinagre, luego sazone con sal y pimienta y mezcle bien
3. Precaliente un sartén para asar a temperatura alta y engráselo con spray para cocinar
4. Sazone la res con sal y pimienta, luego deslícela sobre palitos de brocheta junto con el pimiento
5. Ponga las brochetas a asar de 2 a 3 minutos por cada lado
6. Sirva las brochetas con la salsa encima

Nutrición: 365 calorías, 21g grasa, 34g proteína, 9g carbohidratos netos

RECETAS PARA LA CENA

Chuletas de Cordero con Mantequilla a las Hierbas

Porciones: 2

Tamaño por Porción: alrededor de ½ receta

Tiempo de Preparación: 10 minutos

Tiempo para Cocinar: 25 minutos

Ingredientes:

- ¼ taza de mantequilla, a temperatura ambiente
- 2 dientes de ajo, picados
- 1 cucharada de perejil fresco picado
- 1 ½ cucharadita de condimento italiano seco
- 12 onzas de chuletas de cordero con hueso
- Sal y pimienta al gusto
- 1 cucharada de aceite de coco
- 1 taza de guisantes

Instrucciones:

1. Coloque la mantequilla en un procesador de alimentos junto con el ajo y las hierbas y pulse para combinarlos
2. Sazone el cordero con sal y pimienta
3. Caliente el aceite en un sartén a fuego medio-alto y agregue las chuletas
4. Cocine por 2 minutos hasta que queden selladas, luego voltéelas y cocínelas de 2 a 3 minutos más
5. Deje reposar a las chuletas sobre una tabla para cortar por 5 minutos
6. Recaliente el sartén y agregue los guisantes
7. Saltee los guisantes con sal y pimienta hasta que queden blandos, alrededor de 2 minutos
8. Sirva las chuletas de cordero y los guisantes con la mantequilla de ajo y hierbas encima

Nutrición: 560 calorías, 40g grasa, 39g proteína, 8g carbohidratos netos

Recetas para la Cena

Arroz Frito de Coliflor con Res

Porciones: 1

Tamaño por Porción: 1 receta

Tiempo de Preparación: 10 minutos

Tiempo para Cocinar: 20 minutos

Ingredientes:

- 1 taza de coliflor picada
- 2 cucharaditas de mantequilla
- ½ cebolla amarilla chica, picada
- 1 diente de ajo, picado
- 1 cucharadita de jengibre molido
- ¼ taza de pimiento rojo en cubitos
- 2 onzas de carne de res molida (80% magra)
- 1 cucharada de salsa de soya
- 2 cucharaditas de vinagre de arroz
- 1 cucharadita de Sriracha
- 1 cucharada de aceite de coco
- 2 huevos grandes

Instrucciones:

1. Coloque la coliflor en un procesador de alimentos y pulse hasta obtener una consistencia parecida a la del arroz
2. Caliente la mantequilla en un sartén a fuego medio
3. Agregue la cebolla, el ajo y el jengibre y cocine por 2 minutos

4. Incluya el pimiento y cocine por 5 minutos más, revolviendo constantemente
5. Agregue el arroz de coliflor y la res, luego cocínela hasta que quede dorada, de 4 a 5 minutos
6. Vierta la salsa de soya, el vinagre de arroz y la Sriracha, revuelva y luego empuje todo hacia los lados
7. Derrita el aceite de coco en el medio del sartén y rompa los huevos encima
8. Sazone con sal y pimienta y cocine al gusto
9. Sirva el arroz frito con los huevos fritos encima

Nutrición: 550 calorías, 43g grasa, 26g proteína, 12g carbohidratos netos

RECETAS PARA LA CENA

Albóndigas Rellenas Envueltas en Tocino

Porciones: 3

Tamaño por Porción: 3 albóndigas

Tiempo de Preparación: 15 minutos

Tiempo para Cocinar: 25 minutos

Ingredientes:

- 10 onzas de carne de res molida (80% magra)
- 2 cucharadas de harina de almendra
- Sal y pimienta al gusto
- ½ taza de queso crema, suavizado
- 1 cucharada de aceite de oliva
- 9 rebanadas de tocino, cortados por la mitad a lo largo
- 1 cucharada de mantequilla
- 3 tazas de espagueti de calabacín cocido
- 1 cucharadita de perejil seco

Instrucciones:

1. Combine la carne de res molida con la harina de almendra, la sal y la pimienta
2. Mezcle bien, luego divídala en 9 bolas uniformes y aplánelas ligeramente
3. Sirva 2 o 3 cucharaditas de queso crema en el medio de cada disco
4. Moldee la carne alrededor del queso crema y dé forma de bola
5. Caliente el aceite en un sartén grande a temperatura alta
6. Agregue las albóndigas y cocínelas por 2 minutos por cada lado, hasta que queden doradas
7. Envuelva las albóndigas en tocino y colóquelas en una bandeja para hornear
8. Hornee por 15 minutos a 350°F hasta que el tocino quede crujiente
9. Derrita la mantequilla en un sartén a fuego medio y agregue el espagueti de calabacín
10. Cocine hasta que el espagueti de calabacín esté caliente, luego agregue el perejil y mezcle
11. Sirva el espagueti de calabacín con las albóndigas encima

Nutrición: 575 calorías, 41g grasa, 43g proteína, 8.5g carbohidratos netos

Recetas para la Cena

Filete de Rib Eye con Ejotes

Porciones: 2

Tamaño por Porción: 1 filete

Tiempo de Preparación: 10 minutos

Tiempo para Cocinar: 1 hora

Ingredientes:

- 2 filetes de rib eye (de 5 onzas)
- Sal y pimienta al gusto
- 1 cucharada de mantequilla
- 2 tazas de ejotes cortados
- 2 dientes de ajo, picados

- 1 cucharada de jugo de limón fresco

Instrucciones:

1. Precaliente el horno a 250°F
2. Coloque una rejilla sobre una bandeja para galletas y coloque las carnes encima
3. Sazone con sal y pimienta, luego hornee por 45 minutos
4. Caliente la mantequilla en un sartén grande a temperatura alta
5. Agregue los filetes y cocínelos de 30 a 45 minutos por cada lado, de manera que queden sellados
6. Retire los filetes, colóquelos en una tabla para cortar y agregue los ejotes al sartén
7. Agregue el ajo y el jugo de limón, luego saltee por 5 minutos hasta que queden blandos
8. Rebane los filetes y sírvalos acompañados de los ejotes

Nutrición: 475 calorías, 36g grasa, 27g proteína, 5g carbohidratos netos

Recetas para la Cena

Sartén de Coliflor y Carne

Porciones: 2

Tamaño por Porción: alrededor de ½ receta

Tiempo de Preparación: 10 minutos

Tiempo para Cocinar: 25 minutos

Ingredientes:

- 2 cucharadas de mantequilla
- 1 cabeza de coliflor chica, picada
- 6 onzas de sirloin de res, picado
- Sal y pimienta al gusto
- 2 onzas de queso cheddar rallado
- ¼ taza de crema ácida

Instrucciones:

1. Caliente la mantequilla en un sartén a fuego medio-alto
2. Agregue la coliflor y saltee por 5 minutos, hasta que quede dorada
3. Incluya la carne y sazone con sal y pimienta
4. Cocine de 5 a 7 minutos, hasta que la carne quede dorada y cocida
5. Distribuya los ingredientes uniformemente en el sartén, luego cubra con queso
6. Hornee a 400°F por 10 minutos para derretir el queso, luego sirva acompañado de crema ácida

Nutrición: 405 calorías, 25g grasa, 36.5g proteína, 5.5g carbohidratos netos

RECETAS PARA LA CENA

Cacerola de Brócoli y Cheddar con Cordero

Porciones: 4

Tamaño por Porción: alrededor de ¼ de receta

Tiempo de Preparación: 15 minutos

Tiempo para Cocinar: 35 minutos

Ingredientes:

- 1 libra de cordero molido
- 1 libra de floretes de brócoli picados frescos
- 1 ½ tazas de queso cheddar rallado
- 4 rebanadas de tocino, cocido y picado
- ½ taza de queso crema, a temperatura ambiente
- 6 cucharadas de crema ácida
- Sal y pimienta al gusto

Instrucciones:

1. Precaliente el horno a 350°F engrase un refractario para hornear cuadrado

2. Cocine el cordero en un sartén a fuego medio-alto hasta que quede dorado

3. Transfiera el cordero a un recipiente grande junto con el brócoli, 1 taza de queso y la mitad del tocino picado

4. Bata el queso crema junto con la crema ácida, la sal y la pimienta

5. Mezcle el cordero y el brócoli con la mezcla de queso crema y distribuya sobre el refractario

6. Espolvoree con el resto del queso y del tocino, luego hornee por 35 minutos

Nutrición: 610 calorías, 40.5g grasa, 52g proteína, 5.5g carbohidratos netos

Recetas para la Cena

Alfredo de Fideos de Calabacín con Camarón

Porciones: 3

Tamaño por Porción: alrededor de ⅓ de receta

Tiempo de Preparación: 15 minutos

Tiempo para Cocinar: 20 minutos

Ingredientes:

- 3 calabacines medianos
- 2 cucharadas de aceite de oliva
- 3 dientes de ajo, picados
- 1 cucharada de piñones
- 2 tazas de leche de almendra sin endulzar
- ¼ taza de levadura nutricional
- 1 cucharada de jugo de limón fresco
- 1 cucharada de mantequilla
- 12 onzas de camarones grandes, pelados y desvenados

Instrucciones:

1. Pele el calabacín con un espiralizador, luego colóquelo dentro de un colador y espolvoree con sal

2. Deje al calabacín escurrir por 15 minutos, luego séquelo y elimine tanta humedad como sea posible

3. Caliente el aceite en una olla chica a fuego medio, luego agregue el ajo y los piñones

4. Cocine por 3 minutos hasta que se doren, luego agregue la leche de almendra y revuelva

5. Ponga a hervir, luego agregue la coliflor y las especias, revuelva y deje hervir a fuego lento por 10 minutos

6. Transfiera la mezcla a un procesador de alimentos y licúe junto con la levadura nutricional y el jugo de limón hasta obtener una mezcla suave

7. Caliente la mantequilla en un sartén a fuego medio-alto

8. Agregue los camarones y sazónelos con sal y pimienta hasta que queden algo opacos

9. Incluya los fideos de calabacín y la salsa Alfredo y mezcle

Nutrición: 335 calorías, 18.5g grasa, 31g proteína, 11g carbohidratos netos

Recetas para la Cena

Salmón Sellado con Kale Salteado

Porciones: 2

Tamaño por Porción: 1 filete con ½ espinaca

Tiempo de Preparación: 10 minutos

Tiempo para Cocinar: 20 minutos

Ingredientes:

- 1 cucharada de aceite de oliva
- 8 onzas de champiñones picados
- 1 cebolla amarilla chica, picada
- 1 cucharada de ajo picado
- ½ cucharada de jengibre molido
- 1 jitomate chico, en cubitos

- 2 cucharadas de mantequilla
- 2 filetes de salmón (de 6 onzas)
- 2 tazas de kale fresco picado

Instrucciones:

1. Caliente el aceite en un sartén grande a fuego medio
2. Agregue los champiñones, la cebolla, el ajo y el jengibre y sazone con sal y pimienta
3. Cocine de 3 a 4 minutos, hasta que los champiñones comiencen a dorarse
4. Agregue el jitomate, revuelva y cocine por 2 minutos, luego agregue la mantequilla
5. Empuje los vegetales a los lados del sartén
6. Agregue los filetes de salmón y cocine por 4 minutos hasta que queden sellados
7. Voltee los filetes de salmón y voltéelos hasta queden sellados por el otro lado también
8. Retire el salmón, agregue el kale y cocine hasta que se marchite
9. Mezcle el kale con jugo de limón, sal y pimienta y sirva acompañado del salmón

Nutrición: 475 calorías, 29.5g grasa, 40g proteína, 14g carbohidratos netos

Recetas para la Cena

Hipogloso con Costra de Parmesano

Porciones: 4

Tamaño por Porción: 1 filete

Tiempo de Preparación: 10 minutos

Tiempo para Cocinar: 15 minutos

Ingredientes:

- 4 cucharadas de mantequilla, suavizada
- 2 cucharadas de parmesano rallado
- 1 cucharada de harina de almendra

- 1 cucharadita de ajo en polvo
- 4 filetes de hipogloso (de 6 onzas)
- Sal y pimienta al gusto
- 8 onzas de espárragos frescos, cortados
- 1 cucharada de aceite de oliva

Instrucciones:

1. Precaliente el horno a 400°F y cubra una bandeja para hornear con papel de aluminio
2. Combine la mantequilla, el parmesano, la harina de almendra y el ajo en polvo en una licuadora, luego licúe hasta obtener una mezcla suave
3. Seque el hipogloso con una toalla de papel, luego sazónelo con sal y pimienta
4. Coloque los filetes en la bandeja para hornear y sirva la mezcla de parmesano encima
5. Cubra los espárragos con aceite de oliva, revuelva y sazone con sal y pimienta
6. Coloque los espárragos en la bandeja para hornear junto con el pescado
7. Hornee de 10 a 12 minutos, hasta que el pescado está casi completamente cocido
8. Ponga a asar de 2 a 3 minutos, hasta que la cubierta quede dorada, y sirva caliente

Nutrición: 565 calorías, 46g grasa, 34g proteína, 1.5g carbohidratos netos

RECETAS PARA LA CENA

Salmón Horneado al Dijon

Porciones: 2

Tamaño por Porción: 1 filete y ½ espárragos

Tiempo de Preparación: 15 minutos

Tiempo para Cocinar: 15 minutos

Ingredientes:

- 3 cucharadas de mostaza Dijon

- 2 filetes de salmón (de 6 onzas)
- Sal y pimienta al gusto
- 1 onza de chicharrón de cerdo
- 16 espárragos, cortados

Instrucciones:

- Precaliente el horno a 400°F
- Sazone los filetes con sal y pimienta, luego cúbralos con mostaza con la ayuda de una brocha
- Triture el chicharrón en una bolsa de plástico, luego espolvoréelo sobre el salmón
- Derrame aceite sobre los espárragos y revuelva para cubrirlos completamente
- Coloque el salmón y los espárragos en una bandeja para hornear cubierta con papel de aluminio y hornee por 15 minutos, luego sirva caliente

Nutrición: 365 calorías, 18g grasa, 48g proteína, 2.5g carbohidratos netos

Recetas para la Cena

Cacerola de Pez Blanco con Brócoli

Porciones: 4

Tamaño por Porción: alrededor de ¼ de receta

Tiempo de Preparación: 15 minutos

Tiempo para Cocinar: 20 minutos

Ingredientes:

- 1 cucharada de aceite de oliva
- 1 libra de brócoli picado fresco
- 4 cucharadas de mantequilla, suavizada
- 5 cebollines, rebanados finamente
- 2 cucharadas de alcaparras, escurridas

- 1 ½ libras de filetes de pez blanco (de 3 a 4 onzas cada uno)
- 1 ¼ tazas de crema espesa
- 1 cucharada de mostaza Dijon
- 2 cucharadas de perejil fresco picado
- 6 tazas de vegetales de hoja verde frescos
- ½ taza de champiñones rebanados
- ½ taza de pimiento rojo en cubitos
- ¼ taza de aceite de oliva extra virgen
- 2 cucharadas de vinagre balsámico
- 1 cucharadita de eritritol en polvo
- Sal y pimienta al gusto

Instrucciones:

1. Precaliente el horno a 400°F
2. Caliente el aceite en un sartén a fuego medio-alto y agregue el brócoli
3. Saltee el brócoli por 5 minutos y sazónelo con sal y pimienta
4. Agregue el cebollín y las alcaparras y luego cocine por otros 2 minutos, revolviendo constantemente
5. Sirva la mezcla en una cacerola y coloque el pescado encima
6. Bata la crema espesa junto con la mostaza y el perejil y sirva sobre el pescado
7. Distribuya la mantequilla sobre la cacerola y hornee por 20 minutos
8. Mezcle el resto de los ingredientes y sirva los vegetales de hoja verde con la cacerola

Nutrición: 640 calorías, 45g grasa, 48g proteína, 8.5g carbohidratos netos

Recetas para la Cena

Camarones Scampi con Espagueti de Calabacín

Porciones: 4

Tamaño por Porción: alrededor de ¼ de receta

Tiempo de Preparación: 5 minutos

Tiempo para Cocinar: 15 minutos

Ingredientes:

- 3 cucharadas de aceite de oliva
- 2 cucharadas de mantequilla
- 2 tazas de espagueti de calabacín cocido
- 3 dientes de ajo, picados
- ½ taza de vino blanco seco
- Sal y pimienta al gusto
- 1 ½ libras de camarones grandes, pelados y desvenados
- ¼ taza de perejil fresco picado
- 1 cucharada de jugo de limón fresco

Instrucciones:

1. Caliente el aceite y la mantequilla en un sartén
2. Agregue el espagueti de calabacín y el ajo y cocine por 2 minutos, luego agregue el vino y sazone con sal y pimienta
3. Cocine por 2 minutos, luego agregue los camarones y cocine hasta que queden opacos, alrededor de 3 minutos
4. Retire del calor, agregue el perejil y el jugo de limón y sirva caliente

Nutrición: 325 calorías, 16.5g grasa, 32.5g proteína, 8g carbohidratos netos

RECETAS DE BOCADILLOS

Huevos a la Diabla con Guacamole

Porciones: 4

Tamaño por Porción: 4 piezas

Tiempo de Preparación: 15 minutos

Tiempo para Cocinar: 0 minutos

Ingredientes:

- 8 huevos grandes
- ½ taza de aguacate picado
- 2 cucharadas de leche de coco enlatada
- 1 cucharada de cilantro picado
- 1 cucharadita de jugo de limón fresco
- ¼ cucharadita de comino molido
- Sal y pimienta al gusto
- Paprika para adornar

Instrucciones:

1. Coloque los huevos en una olla chica y cubra con agua
2. Ponga el agua a hervir, luego retire del calor y deje reposar por 10 minutos
3. Enjuague los huevos en agua fría hasta que estén lo suficientemente fríos para manejaros, luego pélelos
4. Corte los huevos por la mitad, retire las yemas con una cuchara y colóquelas en un recipiente
5. Agregue el aguacate, la leche de coco, el cilantro, el jugo de limón y el comino
6. Sazone con sal y pimienta y mezcle hasta obtener una mezcla suave
7. Rellene las mitades de huevo con la mezcla y espolvoree con paprika

Nutrición:185 calorías, 15g grasa, 12g proteína, 2g carbohidratos netos

RECETAS DE BOCADILLOS

Almendras con Especia de Curry

Porciones: 4

Tamaño por Porción: alrededor de ¼ taza

Tiempo de Preparación: 5 minutos

Tiempo para Cocinar: 25 minutos

Ingredientes:

- 1 taza de almendras enteras
- 2 cucharaditas de aceite de oliva
- 1 cucharadita de curry en polvo
- ¼ cucharadita de sal
- ¼ cucharadita de cúrcuma molida
- 1 pizca de pimienta cayena

Instrucciones:

1. Precaliente el horno a 300°F y cubra una bandeja para hornear con papel de aluminio
2. En un recipiente hondo, bata el aceite de oliva y las especias
3. Agregue las almendras, revuelva y distribuya la mezcla sobre la bandeja para hornear
4. Hornee por 25 minutos hasta que se tuesten, deje enfriar y almacene en un contenedor hermético

Nutrición: 155 calorías, 14g grasa, 5g proteína, 2g carbohidratos netos

RECETAS DE BOCADILLOS

Bocadillos de Mantequilla de Maní con Chía

Porciones: 6

Tamaño por Porción: 1 cuadro

Tiempo de Preparación: 10 minutos

Tiempo para Cocinar: 10 minutos

Ingredientes:

- ½ onza de almendras
- 1 cucharada de eritritol en polvo
- 4 cucharaditas de aceite de coco
- 2 cucharadas de leche de coco enlatada
- ½ cucharadita de extracto de vainilla
- 2 cucharadas de semillas de chía, molidas en forma de polvo
- ¼ taza de crema de coco

Instrucciones:

1. Coloque las almendras en un sartén a fuego medio-alto y cocine hasta que se tuesten, alrededor de 5 minutos
2. Transfiera las almendras a un procesador de alimentos junto con el eritritol y 1 cucharada de aceite de coco
3. Licúe hasta obtener una mantequilla de almendra suave
4. Caliente el resto del aceite de coco en un sartén a fuego medio
5. Agregue la leche de coco y la vainilla y deje hervir a fuego lento
6. Agregue las semillas de chía molidas, la crema de coco y la mantequilla de almendra y revuelva
7. Cocine por 2 minutos, luego distribuya la mezcla sobre un refractario cuadrado cubierto de papel de aluminio
8. Deje enfriar hasta que la mezcla se endurezca, luego corte en cuadrados y sirva

Nutrición: 110 calorías, 8g grasa, 2g proteína, 7g carbohidratos netos

Recetas de Bocadillos

Dip de Salchicha con Queso

Porciones: 12

Tamaño por Porción: alrededor de ¼ taza

Tiempo de Preparación: 10 minutos

Tiempo para Cocinar: 2 horas

Ingredientes:

- ½ libra de salchicha italiana molida
- ½ taza de jitomate en cubitos
- 2 cebollas verdes, en rebanadas delgadas
- 4 onzas de queso crema, en cubitos
- 4 onzas de queso pepper jack, en cubitos
- 1 taza de crema ácida

Instrucciones:

1. Dore la salchicha en un sartén hasta que se cocine completamente, luego agregue el jitomate y mezcle
2. Cocine por 2 minutos, revolviendo constantemente, luego agregue la cebolla verde y revuelva
3. Cubra el fondo de una olla de cocción lenta con los quesos, luego sirva la mezcla de salchicha encima
4. Sirva la crema ácida sobre la salchicha, cubra la olla y cocine a temperatura alta por 2 horas, revolviendo una vez a la mitad del proceso
5. Sirva con palitos de apio o con chicharrón para remojar

Nutrición: 170 calorías, 15g grasa, 7g proteína, 2g carbohidratos netos

Recetas de Bocadillos

"Frituras" de Kale con Sal

Porciones: 2

Tamaño por Porción: ½ receta

Tiempo de Preparación: 10 minutos

Tiempo para Cocinar: 12 minutos

Ingredientes:

- ½ manojo de kale fresco
- 1 cucharada de aceite de oliva
- Sal y pimienta al gusto

Instrucciones:

1. Precaliente el horno a 350°F y cubra una bandeja para hornear con papel de aluminio
2. Corte los tallos gruesos del kale y corte las hojas en pedacitos
3. Cubra el kale con el aceite de oliva y distribúyalo sobre la bandeja
4. Hornee de 10 a 12 minutos hasta que quede dorado, luego espolvoree con sal y pimienta

Nutrición: 75 calorías, 7g grasa, 1g proteína, 3g carbohidratos netos

Recetas de Bocadillos

Pan Rápido de Tocino con Jalapeño

Porciones: 10

Tamaño por Porción: 1 rebanada

Tiempo de Preparación: 20 minutos

Tiempo para Cocinar: 45 minutos

Ingredientes:

- 4 rebanadas gruesas de tocino
- 3 jalapeños
- ½ taza de harina de coco, tamizada
- ½ cucharadita de bicarbonato
- ½ cucharadita de sal
- 6 huevos grandes, batidos

- ½ taza de aceite de coco, derretido
- ¼ taza de agua

Instrucciones:

1. Precaliente el horno a 400°F y engrase un molde para pan con spray para cocinar
2. Distribuya el tocino y los jalapeños en una bandeja para hornear y rostícelos por 10 minutos, revolviendo a la mitad del proceso
3. Triture el tocino y corte los jalapeños por la mitad para retirar las semillas
4. Combine el tocino y el jalapeño en un procesador de alimentos y pulse hasta que queden bien molidos
5. Bata la harina de coco junto con el bicarbonato y la sal en un recipiente
6. Agregue los huevos, el aceite de coco y el agua, luego incluya el tocino y los jalapeños y revuelva
7. Distribuya sobre el molde para pan y hornee de 40 a 45 minutos hasta que un cuchillo que se inserte en el centro salga limpio

Nutrición: 225 calorías, 19g grasa, 8g proteína, 3g carbohidratos netos

Recetas de Bocadillos

Semillas de Calabaza Tostadas

Porciones: 4

Tamaño por Porción: alrededor de 2 cucharadas

Tiempo de Preparación: 5 minutos

Tiempo para Cocinar: 5 minutos

Ingredientes:

- ½ taza de semillas de calabaza sin cáscara
- 2 cucharaditas de aceite de coco
- 2 cucharaditas de chile en polvo
- ½ cucharadita de sal

Instrucciones:

1. Caliente un sartén a fuego medio-alto

2. Agregue las semillas de calabaza y déjelas cocinar hasta que se tuesten, de 3 a 5 minutos, revolviendo constantemente

3. Retire del calor, luego agregue el aceite de coco, el chile en polvo y la sal y mezcle

4. Deje enfriar las semillas y almacénelas en un contenedor hermético

Nutrición: 100 calorías, 8.5g grasa, 5.5g proteína, 0.5g carbohidratos netos

RECETAS DE BOCADILLOS

Bocadillos de Hamburguesa Envueltos en Tocino

Porciones: 6

Tamaño por Porción: 1 pieza

Tiempo de Preparación: 5 minutos

Tiempo para Cocinar: 60 minutos

Ingredientes:

- 6 onzas de carne de res molida (80% magra)
- ¼ cucharadita cebolla en polvo
- ¼ cucharadita ajo en polvo
- ¼ cucharadita de comino molido
- Sal y pimienta al gusto
- 6 rebanadas de tocino, crudo

Instrucciones:

1. Precaliente el horno a 350°F y cubra una bandeja para cocinar con papel de aluminio

2. Combine la cebolla en polvo, el ajo en polvo, el comino, la sal y la pimienta en un recipiente

3. Agregue la carne de res y revuelva hasta que se combinen bien

4. Divida la mezcla de carne de res molida en 6 porciones iguales y moldéelas en forma de bolas
5. Envuelve cada bola con una rebanada de tocino y colóquelas en la bandeja
6. Hornee de 50 a 60 minutos, hasta que el tocino esté crujiente y la carne esté cocida

Nutrición: 150 calorías, 10g grasa, 16g proteína, 0.5g carbohidratos netos

Recetas de Bocadillos

Galletas de Almendra con Sésamo

Porciones: 6

Tamaño por Porción: 5 a 6 galletas

Tiempo de Preparación: 10 minutos

Tiempo para Cocinar: 15 minutos

Ingredientes:

- 1 ½ tazas de harina de almendra
- ½ taza de semillas de sésamo
- 1 cucharadita de orégano seco
- ½ cucharadita de sal
- 1 huevo grande, batido
- 1 cucharada de aceite de coco, derretido

Instrucciones:

1. Precaliente el horno a 350°F y cubra una bandeja para hornear con papel para cocinar
2. Combine la harina de almendra, las semillas de sésamo, el orégano y la sal en un recipiente
3. Agregue el huevo y el aceite de coco, revolviendo hasta obtener una masa suave
4. Coloque la masa entre dos hojas de papel para hornear y haga un rollo de ⅛ de grosor
5. Corte en cuadros y acomode sobre la bandeja para hornear
6. Hornee de 10 a 12 minutos, hasta que las galletas queden doradas por los bordes

Nutrición: 145 calorías, 12.5g grasa, 5g proteína, 2g carbohidratos netos

RECETAS DE BOCADILLOS

Dip de Coliflor con Queso

Porciones: 6

Tamaño por Porción: alrededor de ¼ taza

Tiempo de Preparación: 5 minutos

Tiempo para Cocinar: 15 minutos

Ingredientes:

- 1 cabeza de coliflor chica, picada
- ¾ taza de caldo de pollo
- ¼ cucharadita de comino molido
- ¼ cucharadita de chile en polvo
- ¼ cucharadita de ajo en polvo
- Sal y pimienta al gusto
- ⅓ taza de queso crema, picado
- 2 cucharadas de leche de coco enlatada

Instrucciones:

1. Combine la coliflor y el caldo de pollo en una olla chica y deje hervir hasta que la coliflor quede blanda
2. Agregue el comino, el chile en polvo y el ajo en polvo, luego sazone con sal y pimienta
3. Incluya el queso crema y revuelva hasta que se derrita, luego licúe todo con una licuadora de inmersión
4. Agregue la leche de coco, bata y luego vierta la mezcla en un tazón
5. Sirva con palitos de apio

Nutrición: 75 calorías, 6g grasa, 2.5g proteína, 2g carbohidratos netos

Recetas de Bocadillos

Huevos a la Diabla con Tocino

Porciones: 6

Tamaño por Porción: 2 piezas

Tiempo de Preparación: 20 minutos

Tiempo para Cocinar: 0 minutos

Ingredientes:

- 6 huevos grandes
- 3 rebanadas gruesas de tocino
- ¼ taza de mayonesa de aceite de aguacate
- 1 cucharadita de mostaza Dijon

Instrucciones:

1. Coloque los huevos en una olla chica y cubra con agua
2. Ponga el agua a hervir, luego retire del calor y deje reposar por 10 minutos
3. Mientras, cocine el tocino en un sartén a fuego medio-alto hasta que quede dorado
4. Enjuague los huevos en agua fría hasta que estén lo suficientemente fríos para manejaros, luego pélelos
5. Corte los huevos por la mitad, retire las yemas con una cuchara y colóquelas en un recipiente
6. Agregue 1 cucharada de la grasa del tocino del sartén junto con la mayonesa y la mostaza
7. Rellene las mitades de huevo con la mezcla, luego triture el tocino y espolvoréelo encima

Nutrición: 145 calorías, 11g grasa, 8.5g proteína, 3g carbohidratos netos

Recetas de Bocadillos

Ensalada de Col con Aderezo de Aguacate

Porciones: 6

Tamaño por Porción: alrededor de ½ taza

Tiempo de Preparación: 15 minutos

Tiempo para Cocinar: 0 minutos

Ingredientes:

- 1 cabeza chica de repollo verde, rebanada finamente
- ½ taza de repollo rojo rallado
- 1 pimiento rojo chico, en cubitos
- 1 taza de aceite de aguacate
- 1 huevo grande, batido
- Jugo de 1 lima
- 1 diente de ajo, picado
- Sal al gusto

Instrucciones:

1. Combine los repollos rallados con los pimientos rojos en un recipiente
2. Coloque el aceite de aguacate, el huevo, el jugo de limón y el ajo en una licuadora
3. Licúe hasta obtener una mezcla suave, luego sazone con sal al gusto
4. Mezcle la ensalada con el aderezo y enfríe hasta que esté lista para servir

Nutrición: 100 calorías, 6g grasa, 3g proteína, 6g carbohidratos netos

Recetas de Bocadillos

Bombas de Grasa en Forma de Paletas de Crema

Porciones: 10

Tamaño por Porción: 1 bomba de grasa

Tiempo de Preparación: 5 minutos

Tiempo para Cocinar: 0 minutos

Ingredientes:

- 4 onzas de queso crema, suavizado
- ½ taza de crema espesa
- ½ taza de aceite de coco
- 1 cucharadita de extracto de naranja
- 8 a 12 gotas de extracto líquido de estevia

Instrucciones:

1. Combine el queso crema, la crema espesa y el aceite de coco en un recipiente
2. Licúe con una licuadora de inmersión hasta obtener una mezcla suave; use el microondas si necesita suavizarla
3. Agregue el extracto de naranja y la estevia líquida, luego revuelva
4. Sirva la mezcla en moldes de silicón y congele por 3 horas hasta que quede sólida
5. Retire las bombas de grasa del molde y almacénelas en el congelador

Nutrición: 155 calorías, 17g grasa, 1g proteína, 0.5g carbohidratos netos

RECETAS DE BOCADILLOS

Bocadillos de Coliflor Horneados

Porciones: 4

Tamaño por Porción: ¼ de receta

Tiempo de Preparación: 15 minutos

Tiempo para Cocinar: 25 minutos

Ingredientes:

- 1 cabeza de coliflor chica, picada
- ¼ taza de harina de coco
- 2 huevos grandes

- ½ cucharadita de ajo en polvo
- ¼ cucharadita de cebolla en polvo
- Sal y pimienta al gusto

Instrucciones:

1. Precaliente el horno a 400°F y cubra una bandeja para hornear con papel de aluminio
2. Coloque la coliflor en una olla chica y cubra con agua
3. Ponga a hervir hasta que la coliflor quede blanda, luego escurra y colóquela en un procesador de alimentos
4. Pulse hasta obtener una consistencia parecida a la del arroz, luego agregue el resto de los ingredientes y vuelva a pulsar
5. Coloque la mezcla sobre la bandeja en cucharadas redondeadas
6. Hornee de 20 a 25 minutos hasta que los bocadillos queden dorados, volteándolos una vez a la mitad del proceso

Nutrición: 100 calorías, 4.5g grasa, 6g proteína, 4g carbohidratos netos

Recetas de Bocadillos

Camarones Envueltos en Tocino

Porciones: 4

Tamaño por Porción: 3 camarones

Tiempo de Preparación: 10 minutos

Tiempo para Cocinar: 15 minutos

Ingredientes:

- 6 rebanadas de tocino crudo
- 12 camarones grandes, pelados y desvenados
- Paprika al gusto
- Sal y pimienta

Instrucciones:

1. Precaliente el horno a 425°F y cubra una bandeja para hornear con papel de aluminio
2. Corte las rebanadas de tocino a la mitad y envuelva una pieza alrededor de cada camarón
3. Coloque los camarones en la bandeja para hornear y espolvoree con paprika, sal y pimienta
4. Rocíe ligeramente con spray para cocinar, luego hornee por 15 minutos, hasta que el tocino esté dorado

Nutrición: 100 calorías, 6g grasa, 9g proteína, 0.5g carbohidratos netos

Recetas de Bocadillos

Cuadritos de Macadamia y Mora Azul

Porciones: 16

Tamaño por Porción: 1 cuadrito

Tiempo de Preparación: 10 minutos

Tiempo para Cocinar: 0 minutos

Ingredientes:

- 1 onza de nueces de macadamia
- ¼ taza de sólidos enlatados de leche de coco (con el líquido escurrido)
- ½ taza de mantequilla de coco
- ½ taza de aceite de coco
- ½ taza de moras azules frescas
- ½ cucharadita de extracto de vainilla
- Extracto líquido de estevia al gusto

Instrucciones:

1. Precaliente el horno a 325°F y cubra un pequeño refractario de vidrio con papel de aluminio
2. Coloque las nueces en un procesador de alimentos y muélalas

3. Distribuya las nueces molidas sobre el refractario y hornee de 5 a 6 minutos, hasta que queden ligeramente doradas

4. Bata la leche de coco hasta que quede ligera y esponjosa, luego distribúyala sobre el refractario

5. Coloque los ingredientes restantes en el procesador de alimentos y licúe hasta obtener una mezcla suave

6. Distribuya la mezcla sobre el refractario y congele por 60 minutos hasta que quede firme

7. Corte la mezcla en cuadritos y sirva

Nutrición: 175 calorías, 18g grasa, 1g proteína, 2g carbohidratos netos

Recetas de Bocadillos

Dip de Pizza de Peperoni

Porciones: 4

Tamaño por Porción: 1 refractario

Tiempo de Preparación: 5 minutos

Tiempo para Cocinar: 20 minutos

Ingredientes:

- 4 onzas de queso crema, a temperatura ambiente
- ¼ taza de crema ácida
- ¼ taza de mayonesa
- 1 taza de queso mozzarella rallado
- Sal y pimienta al gusto
- ½ taza de salsa de jitomate baja en carbohidratos
- 2 onzas de peperoni, en cubitos
- ½ taza de champiñones en cubitos
- ¼ taza de cebolla amarilla en cubitos

Instrucciones:

1. Precaliente el horno a 350°F y ligeramente engrase cuatro refractarios con spray para cocinar

2. Coloque el queso crema en un tazón, luego agregue la crema ácida, la mayonesa y el mozzarella y mezcle

3. Sazone con sal y pimienta, luego sirva en los refractarios

4. Cubra con la salsa de jitomate, el peperoni, los champiñones y la cebolla

5. Espolvoree con queso parmesano y hornee de 18 a 20 minutos hasta que la superficie tenga apariencia burbujeante

6. Sirva con palitos de apio o galletas keto amigables

Nutrición: 290 calorías, 26g grasa, 8.5g proteína, 6.5g carbohidratos netos

Recetas de Bocadillos

Bocadillos de Chía y Coco

Porciones: 8

Tamaño por Porción: 1 bocadillo

Tiempo de Preparación: 5 minutos

Tiempo para Cocinar: 0 minutos

Ingredientes:

- ½ taza de aceite de coco
- ¼ taza de semillas de chía
- ¼ taza de coco rallado sin endulzar
- ½ cucharadita de vainilla
- Extracto líquido de estevia

Instrucciones:

1. Combine el aceite de coco, las semillas de chía, el coco, la vainilla y la estevia en un procesador de alimentos

2. Licúe la mezcla hasta que quede bien combinada, luego moldéela en forma de 8 bolas

3. Congele hasta que queden sólidas, luego sirva los bocadillos fríos

Nutrición: 160 calorías, 16.5g grasa, 1.5g proteína, 0.5g carbohidratos netos

Recetas de Bocadillos

Pan de Limón y Mora Azul

Porciones: 10

Tamaño por Porción: 1 rebanada

Tiempo de Preparación: 10 minutos

Tiempo para Cocinar: 60 minutos

Ingredientes:

- 3 tazas de harina de almendra
- 1 cucharada de proteína de suero en polvo
- 1 cucharadita de cremor tártaro
- ½ cucharadita de bicarbonato
- ¼ cucharadita de sal
- 6 huevos grandes
- 2 cucharadas de ralladura de limón fresca
- ½ cucharadita de extracto de vainilla
- ¼ cucharadita de extracto líquido de estevia
- 1 taza de moras azules frescas

Instrucciones:

1. Precaliente el horno a 350°F y engrase un molde para pan
2. Bata la harina de almendra junto con la proteína en polvo, el cremor tártaro, el bicarbonato y la sal en un recipiente
3. En un recipiente aparte, bata los huevos junto con la ralladura de limón, la estevia líquida y el extracto de vainilla

4. Vierta los ingredientes húmedos sobre los secos, agregue las moras azules y revuelva
5. Distribuya de manera uniforme sobre el molde para pan y hornee de 45 a 60 minutos, hasta que un cuchillo que se inserte en el centro salga limpio
6. Deje enfriar el pan completamente, luego rebane y sirva

Nutrición: 165 calorías, 11g grasa, 10g proteína, 4.5g carbohidratos netos

Recetas de Bocadillos

Bombas de Grasa de Cocoa-Chocolate

Porciones: 6

Tamaño por Porción: 1 bomba de grasa

Tiempo de Preparación: 10 minutos

Tiempo para Cocinar: 0 minutos

Ingredientes:

- ¼ taza de aceite de coco
- ¼ taza de leche de coco enlatada
- 1 cucharada de cocoa en polvo sin endulzar
- 2 cucharaditas de eritritol en polvo
- ¼ cucharadita de extracto de vainilla

Instrucciones:

1. Combine el aceite de coco, la leche de coco, la cocoa en polvo, el eritritol y la vainilla en un procesador de alimentos
2. Licúe la mezcla hasta que quede suave y bien combinada
3. Sirva en un molde de silicón o moldee en forma de bolas a mano
4. Congele las bombas de grasa hasta que queden sólidas, luego disfrútelas frías

Nutrición: 100 calorías, 11g grasa, 0.5g proteína, 0.5g carbohidratos netos

Recetas de Bocadillos

"Frituras" de Pizza de Peperoni

Porciones: 6

Tamaño por Porción: 3 to 4 "frituras"

Tiempo de Preparación: 5 minutos

Tiempo para Cocinar: 10 minutos

Ingredientes:

- 6 onzas de peperoni rebanado
- 4 onzas de queso mozzarella rallado

Instrucciones:

1. Precaliente el horno a 400°F
2. Acomode las rebanadas de peperoni en montones de cuatro, encimándolas ligeramente para hacer las "frituras"
3. Hornee por 5 minutos hasta que los bordes comiencen a volverse crujientes
4. Espolvoree con queso y hornee de 3 a 4 minutos más, hasta que el queso esté derretido y dorado
5. Escurra sobre toallas de papel, luego sirva

Nutrición: 190 calorías, 16g grasa, 12g proteína, 0.5g carbohidratos netos

Pudín de Coco y Chía

Porciones: 8

Tamaño por Porción: alrededor de ½ taza

Tiempo de Preparación: 35 minutos

Tiempo para Cocinar: 0 minutos

Ingredientes:

- 2 ¼ taza de leche de coco enlatada
- 2 cucharadas de eritritol en polvo
- 1 cucharadita de extracto de vainilla
- ½ taza de semillas de chía
- 1 pizca de sal

Instrucciones:

1. Combine la leche de coco, el eritritol y la vainilla en un recipiente
2. Agregue las semillas de chía y la sal y bata
3. Deje reposar por al menos 30 minutos; también puede congelar toda la noche
4. Sirva en dos vasos y agregue crema batida

Nutrición: 225 calorías, 20.5g grasa, 4.5g proteína, 3g carbohidratos netos

RECETAS DE POSTRES Y BEBIDAS

Batido de Plátano y Lima

Porciones: 2

Tamaño por Porción: ½ receta

Tiempo de Preparación: 5 minutos

Tiempo para Cocinar: 0 minutos

Ingredientes:

- ½ taza de leche de coco enlatada
- ½ taza de leche de almendra sin endulzar
- 2 cucharadas de jugo de limón fresco
- 2 cucharadas de semillas de lino molidas
- 1 cucharadita de aceite de coco
- ¼ cucharadita de extracto de plátano
- Cubos de hielo (opcionales)
- ¼ taza de crema batida

Instrucciones:

1. Combine todos los ingredientes en una licuadora.
2. Pulse varias veces, luego licúe de 30 a 60 segundos
3. Agregue hielo para espesar si así lo desea, luego licúe hasta obtener una mezcla suave
4. Sirva en dos vasos y agregue crema batida

Nutrición: 250 calorías, 24g grasa, 3g proteína, 3g carbohidratos netos

Recetas de Postres y Bebidas

Barritas de Almendra con Canela

Porciones: 6

Tamaño por Porción: 1 barrita

Tiempo de Preparación: 30 minutos

Tiempo para Cocinar: 0 minutos

Ingredientes:

- 1 taza de crema de coco
- 1 ½ cucharaditas de canela molida

- 2 cucharadas de mantequilla de almendra
- 4 cucharadas de aceite de coco

Instrucciones:

1. Cubra un molde para pan con papel encerado y hágalo a un lado
2. Combine la crema de coco con ¼ cucharadita de canela en un recipiente
3. Revuelva hasta obtener una mezcla suave, luego distribúyala en el fondo del molde para pan
4. En un recipiente hondo, bata la mantequilla de almendra junto con 2 cucharadas de aceite de coco, luego distribuya la mezcla en el molde
5. Combine el resto del aceite de coco y la canela, luego sirva la mezcla en una bolsa para sándwich
6. Corte la esquina y vierta la mezcla dentro del molde
7. Congele la mezcla hasta que quede firme, luego corte en 6 barritas

Nutrición: 200 calorías, 22g grasa, 2g proteína, 2g carbohidratos netos

Recetas de Postres y Bebidas

Batido de Mantequilla de Almendra con Vainilla

Porciones: 2

Tamaño por Porción: ½ receta

Tiempo de Preparación: 5 minutos

Tiempo para Cocinar: 0 minutos

Ingredientes:

- 1 taza de leche de almendra sin endulzar
- ¼ taza de yogurt griego de leche entera
- 1 cucharada de proteína de suero en polvo sabor vainilla
- 2 cucharadas de mantequilla de almendra
- 1 cucharadita de extracto de vainilla

- Extracto líquido de estevia, al gusto
- Cubos de hielo (opcionales)
- ¼ taza de crema batida

Instrucciones:

1. Combine todos los ingredientes en una licuadora.
2. Pulse varias veces, luego licúe de 30 a 60 segundos
3. Agregue hielo para espesar si así lo desea, luego licúe hasta obtener una mezcla suave
4. Sirva en dos vasos y agregue crema batida

Nutrición: 240 calorías, 16.5g grasa, 16g proteína, 4.5g carbohidratos netos

RECETAS DE POSTRES Y BEBIDAS

Pan de Canela Dulce

Porciones: 10

Tamaño por Porción: 1 rebanada

Tiempo de Preparación: 20 minutos

Tiempo para Cocinar: 30 minutos

Ingredientes:

- ½ taza de harina de coco, tamizada
- 2 cucharaditas de canela molida
- 1 cucharadita de bicarbonato
- ¼ cucharadita de levadura
- 1 pizca de sal
- 3 huevos grandes
- 6 cucharadas de leche de coco enlatada
- 3 cucharadas de aceite de coco

- 2 cucharadas de agua
- 1 cucharadita de vinagre blanco destilado
- 1 cucharada de eritritol en polvo, o al gusto

Instrucciones:

1. Precaliente el horno a 350°F y engrase un molde para pan
2. Mezcle los ingredientes secos en un recipiente
3. En un recipiente aparte, bata los huevos junto con la leche de coco, el aceite de coco, el agua y el vinagre
4. Agregue el endulzante, mezcle y deje reposar de 5 a 10 minutos
5. Distribuya en el molde para pan y hornee de 25 a 30 minutos hasta que un cuchillo que se inserte en el centro salga limpio
6. Deje enfriar el pan completamente, luego rebánelo y sirva

Nutrición: 155 calorías, 12g grasa, 4.5g proteína, 4g carbohidratos netos

RECETAS DE POSTRES Y BEBIDAS

Batido Proteínico de Chocolate

Porciones: 2

Tamaño por Porción: ½ receta

Tiempo de Preparación: 5 minutos

Tiempo para Cocinar: 0 minutos

Ingredientes:

- 1 taza de leche de almendra sin endulzar
- 2 cucharadas de proteína de suero en polvo sabor chocolate
- ¼ taza de yogurt griego de leche entera
- 1 cucharada de cocoa en polvo sin endulzar
- ½ cucharadita de extracto de vainilla

- Cubos de hielo (opcionales)
- ¼ taza de crema batida

Instrucciones:

1. Combine todos los ingredientes en una licuadora.
2. Pulse varias veces, luego licúe de 30 a 60 segundos
3. Agregue hielo para espesar si así lo desea, luego licúe hasta obtener una mezcla suave
4. Sirva en dos vasos y agregue crema batida

Nutrición: 150 calorías, 8.5g grasa, 12g proteína, 6g carbohidratos netos

RECETAS DE POSTRES Y BEBIDAS

Helado de Limón y Amapola

Porciones: 12

Tamaño por Porción: alrededor de ½ taza

Tiempo de Preparación: 15 minutos

Tiempo para Cocinar: 0 minutos

Ingredientes:

- ¼ taza de semillas de chía
- 3 cucharadas de semillas de amapola
- 3 tazas de leche de coco enlatada
- Jugo de 2 limones
- ¼ taza de eritritol en polvo
- ¼ taza de aceite de coco

Instrucciones:

1. Coloque las semillas de chía y de amapola en un molinillo de especias y muélalas
2. Vierta la leche de coco en un tazón y agregue el polvo, revuelva y deje reposar por 5 minutos

3. Combine el resto de los ingredientes en una licuadora, luego agregue la mezcla de chía
4. Licúe hasta obtener una mezcla suave, luego sirva en un contenedor Tupperware cuadrado
5. Congele hasta que la mezcla se endurezca, luego pártala en pedacitos, licúelos y sirva

Nutrición: 215 calorías, 21g grasa, 3g proteína, 2.5g carbohidratos netos

Recetas de Postres y Bebidas

Batido de Fresa y Limón

Porciones: 2

Tamaño por Porción: ½ receta

Tiempo de Preparación: 5 minutos

Tiempo para Cocinar: 0 minutos

Ingredientes:

- 1 taza de leche de almendra sin endulzar
- ½ taza de yogurt griego de leche entera
- 5 fresas congeladas
- 2 cucharadas de jugo de limón fresco
- 1 cucharadita de aceite de coco
- Cubos de hielo (opcionales)
- ¼ taza de crema batida

Instrucciones:

1. Combine todos los ingredientes en una licuadora.
2. Pulse varias veces, luego licúe de 30 a 60 segundos
3. Agregue hielo para espesar si así lo desea, luego licúe hasta obtener una mezcla suave
4. Sirva en dos vasos y agregue crema batida

Nutrición: 145 calorías, 11g grasa, 2.5g proteína, 8g carbohidratos netos

Bombas de Grasa de Chocolate Blanco y Vainilla

Porciones: 8

Tamaño por Porción: 1 bomba de grasa

Tiempo de Preparación: 10 minutos

Tiempo para Cocinar: 0 minutos

Ingredientes:

- ¼ taza de mantequilla de cocoa
- ¼ taza de aceite de coco
- ¼ cucharadita de extracto de vainilla
- 8 a 10 gotas de extracto líquido de estevia

Instrucciones:

1. Combine la mantequilla de cocoa y el aceite de coco en una olla a baño maría
2. Caliente hasta que los ingredientes se derritan, luego retire del calor
3. Agregue el extracto de vainilla y la estevia, mezcle y sirva en 8 moldes de silicón
4. Congele hasta que se endurezcan, luego retire de los moldes y disfrute

Nutrición: 120 calorías, 14g grasa, 0g proteína, 0g carbohidratos netos

Batido Cremoso de Aguacate

Porciones: 2

Tamaño por Porción: ½ receta

Tiempo de Preparación: 5 minutos

Tiempo para Cocinar: 0 minutos

Ingredientes:

- 1 taza de leche de almendra sin endulzar
- ½ taza de leche de coco enlatada
- ½ taza de aguacate picado
- 1 cucharadita de jengibre molido fresco
- 1 cucharadita de jugo de limón
- Cubos de hielo (opcionales)
- ¼ taza de crema batida

Instrucciones:

1. Combine todos los ingredientes en una licuadora.
2. Pulse varias veces, luego licúe de 30 a 60 segundos
3. Agregue hielo para espesar si así lo desea, luego licúe hasta obtener una mezcla suave
4. Sirva en dos vasos y agregue crema batida

Nutrición: 280 calorías, 28g grasa, 3g proteína, 4g carbohidratos netos

Recetas de Postres y Bebidas

Galletas de Mantequilla de Almendra

Porciones: 8

Tamaño por Porción: 1 galleta

Tiempo de Preparación: 10 minutos

Tiempo para Cocinar: 15 minutos

Ingredientes:

- ½ taza de mantequilla de almendra
- 1 cucharada de aceite de coco
- 2 huevos grandes
- 1 cucharadita de extracto de vainilla

- 1 cucharada de harina de coco
- 1 cucharadita de canela molida
- 1 taza de coco rallado sin endulzar
- ¼ taza de nueces pecanas picadas

Instrucciones:

1. Precaliente el horno a 350°F y cubra una bandeja para hornear con papel para cocinar
2. Bata la mantequilla de almendra junto con el aceite de coco, los huevos y el extracto de vainilla
3. Agregue la harina de coco y la canela, luego revuelva hasta que se combinen bien
4. Incluya el coco y las nueces pecanas, mezcle y sirva en forma de cucharadas redondeadas sobre la bandeja para hornear
5. Aplane las bolas ligeramente, luego hornee de 12 a 14 minutos

Nutrición: 115 calorías, 10g grasa, 3g proteína, 2g carbohidratos netos

Recetas de Postres y Bebidas

Batido Proteínico de Mora Azul

Porciones: 2

Tamaño por Porción: ½ receta

Tiempo de Preparación: 5 minutos

Tiempo para Cocinar: 0 minutos

Ingredientes:

- 1 ½ tazas de leche de almendra sin endulzar
- ¼ taza de leche de coco enlatada
- 1 cucharada de proteína de suero en polvo
- ¼ taza de moras azules congeladas
- 1 cucharadita de eritritol en polvo

- 1 cucharadita de aceite de coco
- Cubos de hielo (opcionales)
- ¼ taza de crema batida

Instrucciones:

1. Combine todos los ingredientes en una licuadora.
2. Pulse varias veces, luego licúe de 30 a 60 segundos
3. Agregue hielo para espesar si así lo desea, luego licúe hasta obtener una mezcla suave
4. Sirva en dos vasos y agregue crema batida

Nutrición: 235 calorías, 18g grasa, 13g proteína, 6g carbohidratos netos

RECETAS DE POSTRES Y BEBIDAS

Brownies de Coco

Porciones: 12

Tamaño por Porción: 1 brownie

Tiempo de Preparación: 10 minutos

Tiempo para Cocinar: 30 minutos

Ingredientes:

- ¾ taza de cocoa en polvo sin endulzar
- 2 huevos grandes
- 1 taza de aceite de coco, derretido
- ½ taza de leche de coco enlatada
- 2 cucharaditas de extracto de estevia en polvo
- 1 taza de harina de almendra
- ½ taza de coco rallado sin endulzar
- ½ cucharadita de bicarbonato

Instrucciones:

1. Precaliente el horno a 350°F y engrase un refractario para hornear cuadrado
2. Bata la cocoa en polvo junto con los huevos, el aceite de coco, la leche de coco y la estevia
3. En un recipiente aparte, bata la harina de almendra, el coco y el bicarbonato
4. Combine ambas mezclas hasta que obtener una mezcla suave, luego sírvala en el refractario
5. Hornee por 30 minutos hasta que el centro esté cocido, luego deje enfriar completamente antes de cortar

Nutrición: 245 calorías, 25.5g grasa, 3.5g proteína, 2g carbohidratos netos

RECETAS DE POSTRES Y BEBIDAS

Batido de Cereza y Coco

Porciones: 2

Tamaño por Porción: ½ receta

Tiempo de Preparación: 5 minutos

Tiempo para Cocinar: 0 minutos

Ingredientes:

- 1 taza de leche de almendra sin endulzar
- ¼ taza de leche de coco enlatada
- ¼ taza de cerezas congeladas
- 2 cucharadas de coco rallado
- ¼ cucharadita de extracto de vainilla
- Cubos de hielo (opcionales)
- ¼ taza de crema batida

Instrucciones:

1. Combine todos los ingredientes en una licuadora.

2. Pulse varias veces, luego licúe de 30 a 60 segundos
3. Agregue hielo para espesar si así lo desea, luego licúe hasta obtener una mezcla suave
4. Sirva en dos vasos y agregue crema batida

Nutrición: 160 calorías, 15g grasa, 2g proteína, 4g carbohidratos netos

RECETAS DE POSTRES Y BEBIDAS

Bombas de Pastel de Queso con Fresa

Porciones: 10

Tamaño por Porción: 1 bomba

Tiempo de Preparación: 10 minutos

Tiempo para Cocinar: 0 minutos

Ingredientes:

- ¾ taza de queso crema, suavizado
- ¼ taza de aceite de coco, suavizado
- ½ taza de fresas rebanadas frescas
- 2 cucharadas de eritritol en polvo
- 2 cucharaditas de extracto de vainilla

Instrucciones:

1. Combine el queso crema y el aceite de coco en un recipiente y revuelva hasta obtener una mezcla suave
2. Triture las fresas en un recipiente aparte, luego agregue el eritritol y el extracto de vainilla y mezcle
3. Vierta la mezcla sobre la mezcla de queso crema y revuelva hasta que se combinen bien
4. Bata la mezcla con una batidora de mano hasta que la quede esponjosa, luego sírvala en moldes de silicón
5. Congele las bombas por 2 horas o hasta que se endurezcan y disfrútelas frías

Nutrición: 115 calorías, 11.5g grasa, 1.5g proteína, 1g carbohidratos netos

Batido Verde de Chocolate

Porciones: 2

Tamaño por Porción: ½ receta

Tiempo de Preparación: 5 minutos

Tiempo para Cocinar: 0 minutos

Ingredientes:

- 1 ½ tazas de leche de almendra sin endulzar
- 1 ½ tazas de espinaca baby fresca
- ¼ taza de moras azules congeladas
- ½ taza de leche de coco enlatada
- 1 cucharada de proteína de suero en polvo sabor chocolate
- 1 cucharada de cocoa en polvo sin endulzar
- 1 cucharadita de eritritol en polvo
- Cubos de hielo (opcionales)
- ¼ taza de crema batida

Instrucciones:

1. Combine todos los ingredientes en una licuadora.
2. Pulse varias veces, luego licúe de 30 a 60 segundos
3. Agregue hielo para espesar si así lo desea, luego licúe hasta obtener una mezcla suave
4. Sirva en dos vasos y agregue crema batida

Nutrición: 260 calorías, 22.5g grasa, 9g proteína, 7g carbohidratos netos

Galletas de Jengibre

Porciones: 16

Tamaño por Porción: 1 galleta

Tiempo de Preparación: 10 minutos

Tiempo para Cocinar: 15 minutos

Ingredientes:

- 1 taza de mantequilla de coco
- 1 huevo grande
- 1 cucharadita de extracto de vainilla
- ½ taza de eritritol en polvo
- ½ cucharadita de bicarbonato
- ½ cucharada de jengibre molido
- 1 cucharadita de cúrcuma molida
- 1 pizca de sal

Instrucciones:

1. Precaliente el horno a 350°F y cubra una bandeja para hornear con papel para cocinar
2. Combine la mantequilla de coco, el huevo y el extracto de vainilla en un procesador de alimentos
3. Licúe hasta obtener una mezcla suave, luego agregue el eritritol, el bicarbonato y las especias y vuelva a licuar
4. Moldee la masa en forma de bolas de 1 pulgada y colóquelas sobre la bandeja
5. Aplánelas ligeramente y hornee de 10 a 15 minutos, hasta que queden doradas

Nutrición: 190 calorías, 18g grasa, 2.5g proteína, 2g carbohidratos netos

Recetas de Postres y Bebidas

Batido de Kale y Jengibre

Porciones: 2

Tamaño por Porción: ½ receta

Tiempo de Preparación: 5 minutos

Tiempo para Cocinar: 0 minutos

Ingredientes:

- 2 tazas de kale fresco picado
- ½ taza de cilantro picado
- 1 pulgada de jengibre fresco, molido
- 1 taza de leche de almendra sin endulzar
- 1 cucharada de aceite de coco
- Cubos de hielo (opcionales)
- ¼ taza de crema batida

Instrucciones:

1. Combine todos los ingredientes en una licuadora.
2. Pulse varias veces, luego licúe de 30 a 60 segundos
3. Agregue hielo para espesar si así lo desea, luego licúe hasta obtener una mezcla suave
4. Sirva en dos vasos y agregue crema batida

Nutrición: 165 calorías, 13g grasa, 3g proteína, 8.5g carbohidratos netos

Recetas de Postres y Bebidas

Bombas de Grasa de Chocolate y Mantequilla de Maní

Porciones: 10

Tamaño por Porción: 1 bomba de grasa

Tiempo de Preparación: 10 minutos

Tiempo para Cocinar: 0 minutos

Ingredientes:

- ⅓ taza de semillas de hemp
- ¼ taza de cocoa en polvo sin endulzar
- ¼ taza de mantequilla de maní en polvo
- ½ taza de aceite de coco
- 2 cucharadas de crema espesa
- 1 cucharadita de extracto líquido de estevia
- 1 cucharadita de extracto de vainilla
- ⅓ taza de coco rallado sin endulzar

Instrucciones:

1. Combine la cocoa en polvo, las semillas de hemp y el polvo de mantequilla de maní en un procesador de alimentos
2. Agregue el aceite de coco y pulse hasta que todo se combine en una pasta espesa
3. Agregue la crema espesa, la estevia y la vainilla y licúe hasta obtener una mezcla suave
4. Moldee la mezcla en forma de 10 bolas
5. Cubra cada bola con coco rallado, luego congélelas hasta que queden sólidas

Nutrición: 190 calorías, 18g grasa, 5.5g proteína, 2g carbohidratos netos

Recetas de Postres y Bebidas

Batido de Súper Vegetales de Hoja Verde

Porciones: 2

Tamaño por Porción: ½ receta

Tiempo de Preparación: 5 minutos

Tiempo para Cocinar: 0 minutos

Ingredientes:

- 1 ½ tazas de espinaca fresca

- ½ taza de kale fresco picado
- 1 taza de leche de almendra sin endulzar
- ¼ taza de leche de coco enlatada
- 1 cucharada de proteína de suero en polvo
- Cubos de hielo (opcionales)
- ¼ taza de crema batida

Instrucciones:

1. Combine todos los ingredientes en una licuadora.
2. Pulse varias veces, luego licúe de 30 a 60 segundos
3. Agregue hielo para espesar si así lo desea, luego licúe hasta obtener una mezcla suave
4. Sirva en dos vasos y agregue crema batida

Nutrición: 205 calorías, 14.5g grasa, 14g proteína, 5.5g carbohidratos netos

RECETAS DE POSTRES Y BEBIDAS

Batido de Pepino y Aguacate

Porciones: 2

Tamaño por Porción: ½ receta

Tiempo de Preparación: 5 minutos

Tiempo para Cocinar: 0 minutos

Ingredientes:

- 1 taza de agua de coco
- ½ taza de aguacate picado
- ½ taza de pepino en cubitos (sin semillas)
- 2 cucharadas de cilantro picado
- 1 cucharada de jugo de limón fresco

- 2 cucharaditas de eritritol en polvo
- Cubos de hielo (opcionales)
- ¼ taza de crema batida

Instrucciones:

1. Combine todos los ingredientes en una licuadora.
2. Pulse varias veces, luego licúe de 30 a 60 segundos
3. Agregue hielo para espesar si así lo desea, luego licúe hasta obtener una mezcla suave
4. Sirva en dos vasos y agregue crema batida

Nutrición: 150 calorías, 12g grasa, 2g proteína, 5g carbohidratos netos

CONCLUSIÓN

¡Felicidades! ¡Hemos repasado todo esto juntos y usted ha llegado hasta este punto!

No puedo explicarle lo entusiasmado que estoy de que usted tome el siguiente paso en su viaje hacia la salud y la felicidad. Con los conocimientos que ha adquirido leyendo este libro más las herramientas que le he proporcionado, usted tiene todo para retomar el control de su vida y su salud. Ya sea que usted esté buscando perder peso o simplemente mejorar su salud y su longevidad, ¡ahora está completamente equipado para hacer sus sueños realidad!

Antes de que me vaya a escribir mi siguiente libro para todos, quiero darle un rápido avance de cómo serán las próximas semanas de su vida. Conforme comience con el primer plan de alimentación, es posible que le dé hipo a menudo. Le tomará tiempo reconocer cuáles alimentos son keto amigables y cuáles no, además de que posiblemente tenga que hacer algunos ajustes a su manera de cocinar. Confío completamente en que usted aprenderá rápidamente y en que descubrirá que seguir la dieta cetogénica no sólo es fácil, ¡sino que también es delicioso y satisfactorio!

Volverse cetogénico puede tener un significado distinto para usted del que tuvo para mí, pero quiero destacar rápidamente algunos de los increíbles beneficios que obtendrá:

- Pérdida de peso efectiva
- Mayor quema de grasa
- Reducción en el riesgo de diabetes
- Mejor humor y concentración
- Mayores niveles de energía
- Estabilización en los niveles de azúcar en la sangre
- Menor presión arterial
- Protección contra el cáncer
- Reducción en el deterioro neurológico
- Mayor expectativa de vida
- Reducción en la inflamación
- Mejor (y más efectivo) sueño

¿Acaso estos beneficios no suenan increíbles? ¡La mejor parte es que puede disfrutarlos todos simplemente siguiendo la dieta!

Tenga en cuenta que el cuerpo de cada persona responde de manera diferente a los cambios de dieta y de estilo de vida. Aunque eventualmente experimentará la mayoría de los beneficios de esta lista, puede ser que no suceda de la noche a la mañana. Lo diré una vez más: es posible que al hacer el cambio a la dieta cetogénica, su cuerpo atraviese la fase de transición que conocemos como el "keto resfriado". No se preocupe, pues estos síntomas son temporales. Si continúa con la dieta cetogénica, ¡se sentirá mejor más rápido de lo que cree!

Bueno, espero que usted se sienta listo y entusiasmado para intentar la dieta cetogénica. ¡Yo estoy entusiasmado por usted! Sólo para asegurar que todo corra sin problemas, concluiré con algunas preguntas frecuentes. Aquí hay algunas de las preguntas más frecuentes acerca de la dieta cetogénica:

P: ¿La dieta cetogénica es viable a largo plazo?

R: Antes de responder esta pregunta, usted debe recordar que la dieta cetogénica no está recomendada para todo el mundo. Hable con su doctor para asegurarse de que sea una elección segura para usted. Si lo es, entonces puede comenzar a considerar si es una buena opción a largo plazo basándose en la conveniencia y los resultados. Muchas personas usan la dieta cetogénica como una herramienta para perder peso, pero deciden regresar a una dieta de carbohidratos moderada una vez que han alcanzado sus metas, simplemente porque es más conveniente para ellos. No hay evidencia irrefutable de que la dieta cetogénica no sea una dieta viable a largo plazo, pero es distinta para todos. En mi caso, yo he estado haciendo la dieta por años y me alegra decir que me ha hecho más bien que mal.

P: ¿Qué tipo de ejercicios puedo hacer en la dieta cetogénica?

R: Combinar ejercicio con la dieta cetogénica puede ayudarlo a acelerar la pérdida de peso, y dependiendo de qué tipo de ejercicio haga, también puede ayudarlo a conservar masa muscular. Si usted prefiere los ejercicios cardiovasculares como correr o andar en bicicleta, no debería costarle trabajo seguir la dieta. Si usted se ejercita por más de una hora o va a un ritmo alto, sin embargo, puede ser que deba agendar su ingesta diaria de carbohidratos para que coincida con sus ejercicios, de manera que tenga energía. Puede referirse a la sección acerca de los diferentes tipos de dieta cetogénica para aprender más.

P: ¿La dieta cetogénica aumenta el riesgo de piedras en el riñón?

R: La naturaleza alta en proteína de ciertas dietas pone a algunas personas en riesgo de desarrollar piedras en el riñón. Lo que debe entender de la dieta cetogénica, sin embargo, es que no es una dieta alta en proteínas como mucha gente asume. Es una dieta alta en grasas, moderada en proteínas y baja en carbohidratos. Mientras siga sus proporciones de macronutrientes, usted estará bien.

P: ¿Qué sucede si mi pérdida de peso se estanca? ¿Qué debo hacer?

R: Sin importar qué tipo de dieta decida seguir, es natural que su peso suba y baje a veces. Si siente que su pérdida de peso se ha estancado mientras sigue la dieta cetogénica, hay algunas cosas que puede revisar.

Primero, asegúrese de que sus proporciones de macronutrientes sean correctas. Puede descubrir que está consumiendo demasiados carbohidratos o proteína insuficiente. También debe asegurarse de que esté manteniendo sus electrolitos arriba y sus fluidos balanceados. Si usted siente que se ha desviado demasiado de la dieta, simplemente vuelva a comenzar con el primer plan de alimentación para retomar el camino. Si está en cetosis profunda y está seguro de que no se ha desviado ni un poco del camino, intente agregar algunos carbohidratos adicionales por un par de días. Esto podría ser el catalizador necesario para reiniciar la pérdida de peso con la dieta keto.

P: Si ya soy delgado, pero quiero mejorar mi salud, ¿la dieta keto funcionará para mí?

R: Aunque muchas personas cambian a la dieta cetogénica para perder peso, también puede ser una herramienta para mejorar su salud. Si usted ya tiene un peso saludable, simplemente calcule sus requerimientos de energía actuales y ajuste su proporción de macronutrientes para mantenimiento en vez de pérdida de peso.

P: ¿Debo llevar la cuenta de mis calorías y macros?

R: No hay ninguna regla definitiva sobre cómo seguir la dieta cetogénica; usted es libre de personalizarla de acuerdo con sus necesidades. Aunque puede hacerla sin contar sus calorías o sus macros, puede ser que sus resultados sean un poco menos consistentes. La clave para el éxito a largo plazo con la dieta cetogénica es introducir su cuerpo al estado de cetosis en primer lugar. Es aquí cuando llevar la cuenta de las calorías y los macros es bastante útil. Una vez que su cuerpo se haya keto adaptado, sin embargo, usted podrá tener un enfoque un poco más general y aun así ver buenos resultados.

P: ¿Tener colesterol alto mientras hago la dieta keto es un problema?

R: Esta siempre ha sido la pregunta del millón de dólares y es por eso que la dejo al final. ¡Es broma! Alrededor de dos tercios de las personas que hacen la dieta cetogénica se encuentran con niveles de colesterol general reducidos, mejor HDL y menos LDL. Para el tercio restante, sin embargo, los niveles de colesterol aumentan, principalmente debido a un impulso en el segmento de HDL, mientras que los LDL permanecen constantes o ligeramente elevados. Yo pertenezco a este tercio y puedo decirle que me asusté bastante al principio. Comencé a investigar, tratando de encontrar una justificación y explicación para este aumento. También comencé a cuestionar la dieta cetogénica. Me alegro de haber investigado, pues noté que a pesar de que mis niveles generales estaban elevados, mis otros indicadores de riesgo estaban cayendo como moscas. Durante los siguientes dos años en la dieta, aún tenía lo que el mundo médico describiría como niveles altos de colesterol, pero mis niveles de triglicéridos eran súper óptimos, mientras que los indicadores de riesgo de inflamación y enfermedades del corazón también estaban en el rango óptimo. No fue hasta hace dos años, cuando estaba haciéndome mis pruebas médicas anuales, que mi perfil de lípidos mostró que mis niveles de colesterol eran médicamente saludables.

Nada cambió para mí durante los años desde que comencé la dieta cetogénica. Aún estaba consumiendo la misma cantidad de grasas y de otros macros y haciendo el tipo de ejercicio que me gusta. Quería compartir esto con todos porque puede ser aterrador ver nuestros niveles de colesterol aumentar cuando se supone que estamos en una dieta que es buena para el corazón. El truco aquí es enfocarse en sus números de colesterol HDL y en el tamaño de las partículas de sus LDL. Las partículas más grandes de LDL son mucho mejores que las chicas, densas y oxidadas. Los niveles totales de colesterol no significan mucho si se deben a un aumento en sus niveles de HDL. Incluso cuando aumente el LDL, usted no debería alarmarse si las pruebas demuestran que las partículas son del tipo grande y esponjoso. Los niveles de colesterol pueden tardar en normalizarse, justo como sucedió conmigo. Sólo mantenga la fe y siga el camino de su viaje cetogénico.

Mi opinión, después de leer muchos estudios relacionados al colesterol, es que mi cuerpo en realidad estaba curándose después de mis décadas de daño infligido por los carbohidratos. En mi mente, esa probablemente fue la razón por la cual mis niveles de colesterol estaban elevados y se mantuvieron de esa manera por algún tiempo. Se normalizaron una vez que mi cuerpo determinó que el daño estaba reparado. Yo siempre espero que cualquier persona que comience la dieta cetogénica esté dentro de los dos tercios. Sin embargo, si alguien está en la minoría del colesterol alto, ¡confíe en lo que le he compartido y prepárese para cosechar los beneficios de la dieta cetogénica!

Una Nota Adicional Importante

Publicaré otros libros acerca de la dieta cetogénica, así que manténgase al tanto de ellos. Mientras tanto, si ha disfrutado este libro, por favor escriba una reseña en Amazon. ¡Estaré muy agradecido!

¡Gracias! ¡Manténgase saludable y feliz!

Acerca del Autor

Robert no nació con genes predispuestos al aumento de peso y tampoco tenía huesos grandes. Era sólo que realmente disfrutaba comer, y comía lo que le gustaba. Eso no hubiera sido un problema si los alimentos disponibles hubieran sido nutritivos y saludables, pero lo nutritivo y saludable parecía ser como un unicornio: elusivo y poco común, y de cualquier forma, la mayoría de los alimentos ni siquiera parecían tan apetitosos en aquel entonces.

No fue hasta que su peso subió como un globo, y que él estuvo amenazado por múltiples problemas de salud derivados de su mala dieta y su estilo de vida sedentario, que de alguna manera el cambio se forzó sobre él. Antes de esta alarma de salud, Robert sabía que algo no estaba bien cuando perdía el aliento después de subir las escaleras, pero como todo el mundo, él sufría del síndrome de "nada va a sucederme a mí" y su vida simplemente continuaba igual.

Las cosas cambiaron cuando fue hospitalizado por tener presión sanguínea peligrosamente alta, y fue ahí cuando supo que tenía que poner su vida en orden. Investigó como loco, pues su vida básicamente colgaba de unos frágiles hilos. Hizo lo que debía e intentó varias dietas distintas hasta que, finalmente, se encontró por casualidad con la dieta cetogénica. A partir de ese momento, él nunca miró atrás.

Los problemas de salud desaparecieron, su cuerpo se volvió esbelto y atlético, y lo más importante: se sentía genial por dentro y por fuera. Robert no es un cruzado ni un profeta de la dieta cetogénica, ¡pero siempre está dispuesto a compartir cómo la dieta puede ser benéfica y actuar como un catalizador para un cambio de vida!

FUENTES

[1] "Overweight and Obesity Statistics." NIH. <https://www.niddk.nih.gov/health-information/health-statistics/overweight-obesity>

[2] "Why Are Americans Obese?" Obesity in America. <http://www.publichealth.org/public-awareness/obesity/>

[3] "What Happens to Unburned Carbohydrates?" Livestrong. <http://healthyeating.sfgate.com/happens-unburned-carbohydrates-2461.html>

[4] Paoli, Antonio. "Ketogenic Diet for Obesity: Friend or Foe?" International Journal of Environmental Research and Public Health. 2014 Feb; 11(2): 2092-2107. <https://www.ncbi.nlm.nih.gov/pmc/articles/PMC3945587/>

[5] Sumithran P. "Ketosis and Appetite-Mediating Nutrients and Hormones After Weight Loss." European Journal of Clinical Nutrition. 2013 Jul; 67(7): 759-64. <https://www.ncbi.nlm.nih.gov/pubmed/23632752>

[6] Veech RL. "The Therapeutic Implications of Ketone Bodies." PLEFA. 2004 Mar; 70(3): 309-19. <https://www.ncbi.nlm.nih.gov/pubmed/14769489>

[7] Boden G. "Effect of a Low-Carb Diet on Appetite, Blood Glucose Levels, and Insulin Resistance in Obese Patients with Type 2 Diabetes." Annals of Internal Medicine. 2005 Mar; 142(6): 403-11. <https://www.ncbi.nlm.nih.gov/pubmed/15767618>

[8] Hession M. "Systematic Review of Randomized Controlled Trials of Low-Carbohydrate vs Low-Fat/Low-Calorie Diets in the Management of Obesity and Its Comorbidities." Obes Rev. 2009 Ene; 10(1): 36-50. <https://www.ncbi.nlm.nih.gov/pubmed/18700873>

[9] Zhou, Weihua. "The Calorically Restricted Ketogenic Diet, An Effective Alternative Therapy for Malignant Brain Cancer." Nutr Metab. 2007 Feb; 4: 5. <https://www.ncbi.nlm.nih.gov/pmc/articles/PMC1819381/>

[10] Choragiewicz, T. "Anticonvulsant and Neuroprotective Effects of the Ketogenic Diet." Przeql Lek. 2010; 67(30: 205-12. < https://www.ncbi.nlm.nih.gov/pubmed/20687386>

[11] "Diabetic Ketoacidosis." Mayo Clinic. <https://www.mayoclinic.org/diseases-conditions/diabetic-ketoacidosis/symptoms-causes/syc-20371551>

[12] Roussel, Mike. "Ask the Macro Manager: What is the Thermic Effects of Food?" Bodybuilding.com. <https://www.bodybuilding.com/fun/ask-the-macro-manager-what-is-thermic-effect.html>

[13] "Diabetes Complications." Healthline. <https://www.healthline.com/health/diabetes-complications>

[14] “Metabolic Syndrome.” Mayo Clinic. <https://www.mayoclinic.org/diseases-conditions/metabolic-syndrome/symptoms-causes/syc-20351916>

[15] “Side Effects of a Ketogenic Diet.” Diabetes.co.uk. <https://www.diabetes.co.uk/keto/side-effects-of-ketogenic-diet.html>

[16] “Determining Daily Calorie Needs.” Free Dieting. <https://www.freedieting.com/calorie_needs.html>

APÉNDICE A
LISTAS DE COMPRAS SEMANALES

Lista de Compras: Semana 1

Carne y Huevos:

- Carne de res, molida (80% magra) – 8 onzas
- Cordero, molido – 1 libra
- Filete, sirloin – 4 onzas
- Huevos – 33 grandes
- Lomo de cerdo – 2 chuletas (de 6 onzas)
- Muslos de pollo, sin hueso – 1 ½ libras
- Pechugas de pollo, sin hueso – 12 onzas
- Pez blanco – 1 libra
- Salchicha, cerdo – 12 onzas
- Salchicha, italiana – ½ libra
- Salmón – 2 filetes (de 6 onzas)
- Tocino, corte grueso – 23 rebanadas

Productos Lácteos:

- Crema ácida – 1 ⅓ tazas
- Crema batida – ¼ taza
- Crema espesa – 2 ⅓ tazas
- Leche de almendra, sin endulzar – ½ taza
- Mantequilla – 12 cucharadas
- Mayonesa – ¼ taza

- Queso cheddar, rallado – 2 ½ tazas
- Queso crema – 1 ½ tazas
- Queso mexicano, rallado – 1 onza
- Queso pepper jack, en cubitos – 4 onzas

Frutas y Vegetales:

- Aguacate – 1 chico, 3 medianos
- Ajo – 1 cabeza
- Brócoli – 1 libra, picado
- Calabacín – 2 chicos
- Cebolla amarilla – 3 chicas, 3 medianas
- Cebolla, verde – 3 tallos
- Cebollino – 1 manojo
- Champiñones – 8 onzas
- Cilantro – 1 manojo
- Coliflor – 2 cabezas medianas
- Ejotes – 2 tazas
- Espinaca – 4 ½ tazas
- Jalapeño – 1
- Jengibre – 1 pieza
- Jitomate – 3 chicos, 3 medianos
- Kale – 1 manojo
- Lechuga romana – 1 corazón más 1 taza
- Lima – 2

- Limón – 1
- Manzana – 1 mediana
- Pepino – ¼ taza
- Perejil – 1 manojo
- Pimiento, rojo – 1 mediano
- Romero – 1 manojo

Artículos de Despensa:

- Aceite de coco
- Aceite de oliva
- Almendras, enteras – 1 taza más 2 cucharadas
- Bicarbonato de sodio
- Caldo de pollo – 3 ¼ tazas
- Canela molida
- Comino molido
- Crema de coco – 1 ¼ tazas
- Cúrcuma molida
- Curry en polvo
- Eritritol en polvo
- Extracto de estevia en polvo
- Extracto de plátano
- Extracto de vainilla
- Extracto líquido de estevia
- Harina de almendra – ¼ taza

- Harina de coco – ½ taza
- Leche de coco, enlatada – 4 latas (de 14 onzas)
- Levadura
- Mantequilla de almendra – 2 cucharadas
- Mantequilla de cocoa – ¼ taza
- Nueces, tostadas – 1 onza
- Paprika
- Pimienta
- Pimienta cayena
- Polvo de cáscara de psyllium
- Sal
- Semillas de chía – 10 cucharadas
- Semillas de lino molidas – 2 cucharadas
- Tomillo molido
- Vinagre blanco
- Vino blanco, seco – ¼ taza

Lista de Compras: Semana 2

Carne y Huevos:

- Carne de res, molida (80% magra) – 4 onzas
- Carne de res, rib eye – 2 filetes (de 5 onzas)
- Cerdo, molido – 17 onzas
- Cordero, chuletas con hueso – 12 onzas
- Huevos – 29 grandes

- Jamón, deli – 4 onzas
- Muslos de pollo – 2 con hueso
- Pavo, ahumado – 4 onzas
- Peperoni, en cubitos – 2 onzas
- Pez blanco – 1 ½ libras de filetes
- Salchicha italiana, molida – 8 onzas
- Tocino, corte grueso – 13 rebanadas

Productos Lácteos:

- Crema ácida – 2 cucharadas
- Crema batida – 1 taza
- Crema espesa – 2 ¾ tazas
- Leche de almendra, sin endulzar – 5 tazas
- Mantequilla – 9 cucharadas
- Mayonesa
- Mayonesa de aceite de aguacate – ¼ taza
- Mozzarella, rallado – 2 ¼ tazas
- Queso cheddar, rallado – 1 taza
- Queso crema – 1 taza
- Queso de cabra – 3 onzas
- Yogurt griego, de leche entera – ¾ taza

Frutas y Vegetales:

- Aguacate – 4 chicos, 2 medianos

- Ajo – 1 cabeza
- Apio – 1 manojo chico
- Brócoli – 1 libra, picado
- Calabacín – 1 mediano
- Cebolla, amarilla – 3 chicas, 1 mediana
- Cebollas, verdes – 4 tallos
- Cebollino – 1 manojo
- Champiñones – 8 onzas más ½ taza
- Coliflor – 1 cabeza chica, 1 cabeza mediana
- Ejotes – 2 tazas
- Ensalada de col – 2 tazas
- Espinaca – 3 tazas
- Frambuesas – 5 enteras
- Fresas, congeladas – 5 enteras
- Guisantes – 1 taza
- Jalapeño – 3
- Jengibre – 1 pieza
- Jitomate – 1 mediano
- Lechuga romana – 4 ½ tazas
- Limón – 4
- Moras azules, congeladas – ¼ taza
- Perejil – 4 cucharadas
- Pimiento, rojo – 1 chico, 1 mediano
- Salsa – 1 frasco

- Vegetales de hoja verde – 6 tazas

Artículos de Despensa:

- Aceite de coco
- Aceite de oliva
- Ajo en polvo
- Alcaparras – 2 cucharadas
- Bicarbonato de sodio
- Café
- Caldo de pollo – 2 ¾ tazas
- Cebolla en polvo
- Chile en polvo
- Coco, rallado sin endulzar – ¾ taza
- Cocoa en polvo sin endulzar – ¾ taza
- Comino molido
- Condimento italiano seco
- Eritritol en polvo
- Extracto de naranja
- Extracto de vainilla
- Extracto líquido de estevia
- Harina de almendra – 3 ½ tazas
- Harina de coco – ¾ taza
- Leche de coco enlatada – 4 latas (de 14 onzas)
- Levadura

- Mantequilla de almendra – 2 cucharadas
- Mostaza Dijon
- Nueces, tostadas – 1 cucharada
- Orégano seco
- Pimienta
- Polvo de cáscara de psyllium
- Proteína de suero en polvo, chocolate – 2 cucharadas
- Proteína de suero en polvo, vainilla – 3 cucharadas
- Sal
- Salsa de soya
- Semillas de amapola – 3 cucharadas
- Semillas de chía – ¾ taza
- Semillas de lino molidas – 2 cucharadas
- Semillas de sésamo – ½ taza
- Vinagre balsámico

Lista de Compras: Semana 3

Carne y Huevos:

- Carne de res, molida (80% magra) – 25 onzas
- Cerdo, chuleta de lomo – 1 chuleta (de 5 onzas)
- Chorizo – 12 onzas
- Hipogloso – 4 filetes (de 6 onzas)
- Huevos – 23 grandes
- Peperoni, en cubitos – 2 onzas

- Pez blanco, filetes – 12 onzas
- Res, lomo asado – 1 libra
- Roast beef, rebanado – 4 onzas
- Salchicha de desayuno – 12 onzas
- Tocino, corte grueso – 4 onzas más 11 rebanadas

Productos Lácteos:

- Crema ácida – 9 cucharadas
- Crema batida – 1 taza
- Crema espesa – 3 cucharadas
- Leche de almendra, sin endulzar – 4 ¼ tazas
- Mantequilla – ¾ taza
- Mozzarella, rallado – 1 ½ tazas
- Queso azul – 2 onzas
- Queso cheddar, rallado – ¾ taza
- Queso crema – ½ taza
- Queso fresco – 2 onzas
- Queso parmesano – ½ taza
- Queso pepper jack, rallado – 2 onzas
- Yogurt griego, de leche entera – ¼ taza

Frutas y Vegetales:

- Aguacate – 4 chicos, 2 medianos
- Ajo – 1 cabeza

- Calabacín – 2 medianos
- Cebolla, amarilla – 3 chicas, 2 medianas
- Cebolla, roja – 1 grande
- Cebolla, verde – 2 tallos
- Cerezas, congeladas – ¼ taza
- Champiñones – 1 taza
- Cilantro – 1 manojo
- Coliflor – 2 cabezas chicas
- Espagueti de calabacín – 3 tazas
- Espárragos – 10 onzas
- Espinaca – 1 ½ tazas
- Jengibre – 1 pieza
- Jitomates – 4 cherry
- Kale – ½ taza
- Lechuga romana – 1 ½ tazas
- Limón – 2
- Moras azules – ½ taza
- Orégano – 1 manojo
- Pepino, sin semillas – ½ taza
- Perejil – 1 manojo
- Pimiento, rojo – 3 chicos, 1 mediano
- Repollo – 1 cabeza chica
- Tomillo – 1 manojo

Artículos de Despensa:

- Aceite de coco – 2 tarros
- Aceite de oliva
- Agua de coco
- Ajo en polvo
- Bicarbonato de sodio
- Caldo de pollo – ½ taza
- Canela molida
- Chile en polvo
- Chiles enlatados – 2 cucharadas
- Coco, rallado sin endulzar – 1 ½ tazas
- Cocoa en polvo sin endulzar – 2 cucharadas
- Comino molido
- Condimento italiano seco
- Eritritol en polvo
- Extracto de vainilla
- Extracto líquido de estevia
- Goma xantana
- Granos de cocoa – 50g
- Harina de almendra – ¾ taza
- Harina de coco – 1 cucharada
- Jitomate en cubitos – 1 lata (de 14 onzas)
- Leche de coco – 1 lata (de 14 onzas)
- Levadura

- Mantequilla de almendra – ½ taza
- Mantequilla de coco – ½ taza
- Mantequilla de maní – 2 cucharadas
- Nueces de macadamia – 1 onza
- Nueces pecanas, picadas – ¼ taza
- Orégano seco
- Paprika
- Pimienta
- Polvo de cáscara de psyllium
- Proteína de suero en polvo – 5 cucharadas
- Proteína de suero en polvo, chocolate – 2 cucharadas
- Sal
- Salsa de jitomate, baja en carbohidratos – ⅔ taza
- Salsa de soya
- Semillas de calabaza – ½ taza
- Semillas de chía – ¼ taza
- Semillas de lino molidas – 2 cucharadas
- Sriracha
- Tomillo seco
- Vinagre de arroz

Por Último...

Si usted disfrutó este libro o lo encontró útil, le agradecería mucho si pudiera escribir una reseña corta en Amazon. Su apoyo realmente hace la diferencia y leo personalmente todas las reseñas para poder recibir sus comentarios y hacer este libro aún mejor.

Una vez más, ¡gracias por su apoyo!

Made in the USA
Middletown, DE
01 May 2021

38833829R00099